# 上海轨道交通
## 战时运行模式研究

高福桂 主编

同济大学出版社
·上海·

图书在版编目(CIP)数据

上海轨道交通战时运行模式研究 / 高福桂主编. —上海：同济大学出版社，2024.4
ISBN 978-7-5765-1058-4

Ⅰ.①上… Ⅱ.①上… Ⅲ.①城市铁路－轨道交通－运行模式－研究－上海 ②人民防空－研究－上海 Ⅳ.①U239.5 ②E256

中国国家版本馆CIP数据核字(2024)第075811号

## 上海轨道交通战时运行模式研究
高福桂　主编

策划编辑　高晓辉
责任编辑　朱　勇
助理编辑　王映晓
责任校对　徐逢乔
封面设计　王　翔

| | |
|---|---|
| 出版发行 | 同济大学出版社　www.tongjipress.com.cn<br>(地址：上海市四平路1239号　邮编：200092　电话：021-65985622) |
| 经　　销 | 全国各地新华书店、建筑书店、网络书店 |
| 排版制作 | 南京月叶图文制作有限公司 |
| 印　　刷 | 上海颛辉印刷厂有限公司 |
| 开　　本 | 787mm×1092mm　1/16 |
| 印　　张 | 11.25 |
| 字　　数 | 233 000 |
| 版　　次 | 2024年4月第1版 |
| 印　　次 | 2024年4月第1次印刷 |
| 书　　号 | ISBN 978-7-5765-1058-4 |
| 定　　价 | 98.00元 |

版权所有　侵权必究　印装问题　负责调换

# 编 委 会

**主 编** 高福桂

**成 员** 陈海霞 孙艳丽 王 挥 张秉佶 印 磊
郦 璐 徐 杨 赵 晟 刘洪波 吴 迪
郭 莉 谷海峰 顾 超 陆文静 陈文曦
段亚鸣 柴 铮 陈 弘 李晓健 戴俊杰
金晓琴 张鑫峰

# 序

上海轨道交通1号线于1990年正式开工建设，并于1993年开始运营。尽管与伦敦轨道交通的通车时间相距130年，但上海仅用了30年就实现了轨道交通从无到有、四通八达的目标。如今，上海已经成为全球轨道交通领先的城市之一，在运营里程、列车数量和全自动驾驶规模上拥有了三个"世界第一"的称号。

相较于传统地面运输方式，轨道交通具有运量大、速度快、安全准时、不占用地表空间等优势，可极大地缓解城市交通压力，促进城市经济社会高质量快速发展，是城市重要基础设施。轨道交通在和平时期对城市的重要贡献毋庸置疑，战时轨道交通的作用各国也在不断探讨。轨道交通线路多位于地下，由于覆盖在结构上部的岩土介质的消波作用，具有良好的抗爆性能，防护层愈厚，防护爆炸冲击波、破片以及抗侵彻的能力愈强，与此同时岩土覆盖层对核爆炸光辐射、早期核辐射、放射性沾染等具有突出的屏蔽效能。

因此，在城市防空袭作战中，轨道交通工程兼顾设防也成为世界各国较为通用的做法。1932年，莫斯科轨道交通在建时即考虑了战时防护要求，大部分线路都建在离地面50 m以下。1941年，在莫斯科保卫战中，莫斯科轨道交通作为群众场所使用，还在车站内设立了图书馆、医院等，其因此获得了"第二城市"的地位。基辅轨道交通在设计时也考虑了战时防护功能，和莫斯科轨道交通、圣彼得堡轨道交通在战时防护设计上有许多共同之处，总共设有54个车站，且绝大部分都位于地下，个别车站埋深超过了百米。乌克兰危机中，基辅政府就将轨道交通停运转为人员掩蔽场所。北京轨道交通1号线是我国首条轨道交通线路，在1965年作为重要战备生命线工程开工，并以"战备为主，兼顾交通"为建设主导思想，在运行初期并不对民众开放。上海轨道交通1号线曾组织专家进行兼顾设防的可行性论证，但因参与时间较晚，失去了同步设计施工到位的时机。

1997年实施的《中华人民共和国人民防空法》明确了轨道交通应为兼顾设防工程，对推进上海轨道交通兼顾设防发展起到了极大的作用，此后设计施工的轨道交通均落实了设防要求。2009年实施的《轨道交通工程人民防空设计规范》对轨道交通工程的战时功能进行了明确，"在拟定的核武器、生化武器常规武器袭击和袭击后的城市次生灾害作用下，应具有保障人员安全交通、转移和物资运输的功能，车站战时宜作为紧急人员掩蔽部，也可作为物资储备场所"，但各功能特别是战时运输功能如何实现并没有详细说明。因此在实际工程中，从规划、设计到后期维护管理及平战转换措施等，轨道交通工程大多作为紧急人员掩蔽部被设计，更多关注的是如何保证轨道交通的结构抗力,对轨道交通战时运输功能如何实现和保障考虑较少。

邦境虽安,忘战必危。当前,世界百年未有之大变局加速演进,我国安全形势不稳定性、不确定性增大。30年的时间,不仅让上海轨道交通随着城市拓展形成网络格局,战争形态也随着科学技术及社会发展发生了改变。现代战争中常规武器投射距离远,突防能力强,命中精度高,侵彻深度和爆炸威力大。同时,现代战争的参战力量不再局限于武装力量,作战方式也并不局限于军事领域,表现为以国家整体实力为基础的大体系对抗。轨道交通作为城市重要的基础设施,在现代战争中可以发挥什么功能,如何能最大限度发挥轨道交通战时功能值得探讨。

在此背景下,《上海轨道交通战时运行模式研究》的出版具有重要的价值和现实意义。本书的编写汇聚了一批长期从事人防、轨道交通等领域工作或研究的业界专家,对于轨道交通兼顾设防的历史、现状和未来发展有深刻的认识和理解。本书内容丰富、全面,不仅根据现代战争形态和空袭作战样式的变化,对上海轨道交通的战时功能进行了定位,还推演了上海轨道交通战时运行模式,建立了上海轨道交通重要线路及重要车站的评价体系,完善了轨道交通平战转换技术要求,具有重要的战备效益和社会效益。

本书不仅可为相关领域工作者提供参考,更能提高大众的国防意识,让更多人可以认识到轨道交通在经济发展、民生保障、人民防空、国家安全等方面的重要作用。

轨道交通战时功能的研究是一项重要而复杂的领域,仍有许多问题等待着我们去研究和解决,譬如未设防的线路如何发挥其战时功能,线路战时的安全和通行能力如何保障,后续新建线路除考虑人防需求外是否能融入国防战备功能,各类武器对轨道交通有何杀伤破坏后果,轨道交通的抗爆技术如何,等等。只有充分研究和准备,才能在战争来临时有备无患,充分发挥轨道交通的战时功能,有效地保障国家安全和人民生命财产的安全。

王明泽

# 前　言

国家安全是民族复兴的根基,是人民安居乐业的保证。党的二十大报告对推进国家安全体系和能力现代化、坚决维护国家和社会稳定作出战略部署,提出以新安全格局保障新发展格局。以新安全格局保障新发展格局,是新征程上顺应世界之变、时代之变、历史之变的必然要求。

上海地处我国东部沿海,位于长江入海口,是国际经济、金融、贸易、航运和科技创新中心,不管是战略位置还是战略意义都十分重要。在当前和今后一段时期,国际局势波谲云诡,周边环境敏感复杂,改革发展稳定任务艰巨繁重,城市安全问题的复杂程度、艰巨程度也随之明显加大,这些均对上海超大型城市的战时防护能力提出了新的挑战和更高要求。

从世界上近几场局部战争可见,战争混合性特征日益凸显、战争主体复杂多元、战争空间多维拓展、平战界限日趋模糊,使得战争的广度、时长、耗损等大大超过传统战争。在战时能否破解强敌制裁、保持充足的战争潜力,城市能否在遭袭后快速恢复重建,保持经济社会正常运转等,将成为巨大考验。上海人防始终牢固树立总体国家安全观,加快构建符合超大城市发展需求、与现代战争形态演变相适应、与国防建设和经济社会发展深度融合的现代人民防空治理体系。

轨道交通工程是城市重要的基础设施,对城市发展具有先导性、基础性和保障性作用。同时,轨道交通工程也属于兼顾设防工程,通过平战转换等措施可在战时保护人民生命财产安全。截至 2023 年 4 月,全国共有 54 个城市开通运营了城市轨道交通,线路共 292 条,运营里程达 9 652 km。其中上海以 831 km 的运营里程位列中国第一、全球第一,已初步形成网络化格局,且正向 1 000 km 迈进。至 2025 年,上海将基本实现中心城区轨道交通车站 600 m 半径范围内常住人口、就业岗位覆盖比例分别达到 55%、61% 以上,并推进轨道交通与铁路网、道路网、航道网连接,形成立体轨道交通。这样的兼顾设防工程,不宜简单将其作为人防工程的补充,其可发挥的战时功能是大多数人防工程无法实现且不可替代的。

2020 年,为合理判断并实现轨道交通的战时功能,上海市民防科学研究所联合上海申通地铁集团有限公司、上海市地下空间设计研究总院有限公司、上海市隧道工程轨道交通设计研究院申报住房和城乡建设部课题。3 年多来,通过文献查阅、实地调研、建立模型等方式,重点研究上海轨道交通战时功能定位、重要线路及重要车站、战时运行模式理论推演等,经归纳和总结,最终形成本书。

本书呈现了上海人防相关单位在轨道交通战时功能研究过程中的发现和思考，系统梳理了上海轨道交通兼顾设防情况，结合上海自身的城市定位、轨道交通的发展规模及支撑地位等，重新定位了轨道交通在战争不同阶段的功能，多角度论述轨道交通战时运行的新需求，对既有线路的人防设施设备，通信、信号设施设备改造升级进行研究，并探讨了新建线路防护能力升级设想和互联互通、防护单元设置等内容。本书不仅可为上海轨道交通在规划、建设、改造和管理等方面提供参考，对于其他省市也具有一定的借鉴意义。希望本书的出版能够引起更多人对轨道交通战时功能的关注和研究，进一步推动其功能的完善和发展。

感谢同济大学出版社对本书出版发行的大力支持以及所做的辛勤工作。由于研究的深度和编者的水平有限，书中难免有疏漏和不当之处，敬请不吝指正。

*编者*

2023 年 12 月

# 目　　录

序
前言

**第1章　绪论** ········································································· 1
　1.1　研究背景及意义 ······························································ 1
　1.2　研究内容与技术路线 ························································ 2
　　　1.2.1　研究内容 ······························································ 2
　　　1.2.2　项目创新点 ··························································· 3
　　　1.2.3　技术路线 ······························································ 3
　1.3　研究现状 ······································································· 4
　　　1.3.1　相关领域的研究现状、技术指标 ································ 4
　　　1.3.2　战时各专业面临的问题 ············································ 5

**第2章　现代战争模式下的上海防御模式** ································· 7
　2.1　现代战争模式 ································································· 7
　2.2　战争阶段划分 ································································· 8
　　　2.2.1　战前阶段 ······························································ 8
　　　2.2.2　战时阶段 ······························································ 8
　　　2.2.3　战后阶段 ······························································ 8
　2.3　城市防御模式 ································································· 9
　　　2.3.1　新形势下的城市防御模式 ········································· 9
　　　2.3.2　上海城市防御模式 ················································· 10

**第3章　上海人防现状及规划** ················································ 11
　3.1　上海人防概述 ······························································· 11
　3.2　人防工程建设现状与规划 ················································ 12
　　　3.2.1　现状 ··································································· 12
　　　3.2.2　规划 ··································································· 12
　3.3　人防疏散基地建设现状与规划 ·········································· 13
　　　3.3.1　现状 ··································································· 13
　　　3.3.2　规划 ··································································· 14

3.4 兼顾设防工程 ············································································· 15
    3.4.1 工程类型与战时功能 ························································· 15
    3.4.2 建设要求 ········································································ 16
3.5 发展方向 ··················································································· 17

## 第4章 上海轨道交通能力现状及规划调研 ········································ 19
4.1 兼顾设防能力 ············································································ 19
    4.1.1 线路情况 ········································································ 19
    4.1.2 设防情况 ········································································ 24
    4.1.3 平战转换措施和时间 ························································· 28
4.2 运输能力 ··················································································· 33
    4.2.1 最小发车间隔 ·································································· 33
    4.2.2 编组与车型 ····································································· 34
    4.2.3 定员 ··············································································· 34
    4.2.4 高峰小时断面单向最大运能 ················································ 34
4.3 疫情管控阶段的运行方案 ····························································· 35

## 第5章 上海轨道交通战时功能定位 ··················································· 37
5.1 轨道交通战时功能研究的必要性 ···················································· 37
5.2 不同战争阶段上海轨道交通战时功能定位 ········································ 38
    5.2.1 战前阶段 ········································································ 38
    5.2.2 战时阶段 ········································································ 40
    5.2.3 战后阶段 ········································································ 41
    5.2.4 轨道交通战时功能定位 ······················································ 41
5.3 上海轨道交通实现战时功能尚存的问题 ··········································· 42
    5.3.1 人员掩蔽功能 ·································································· 42
    5.3.2 运输功能 ········································································ 43
    5.3.3 物资储备功能 ·································································· 44

## 第6章 上海轨道交通重要线路与车站研究 ········································ 45
6.1 上海轨道交通重要线路与车站研究的必要性 ····································· 45
6.2 重要线路评价 ············································································ 45
    6.2.1 重要性因素分析 ······························································· 45
    6.2.2 指标体系 ········································································ 47
    6.2.3 重要线路设置案例 ··························································· 47
6.3 重要车站评价 ············································································ 50
    6.3.1 重要性因素分析 ······························································· 50
    6.3.2 上海轨道交通重要车站定性评价 ·········································· 51
    6.3.3 上海轨道交通重要车站定量评价 ·········································· 52
6.4 重要车站和线路战争毁伤情况对轨道交通网络结构抗毁性的影响 ········ 58

## 目录

  6.4.1 轨道交通网络结构抗毁性评估指标 ··· 58
  6.4.2 上海轨道交通网络结构抗毁性提升措施 ··· 60

### 第7章 上海轨道交通既有条件下战时运行模式理论推演 62
 7.1 战前阶段 ··· 62
  7.1.1 战前阶段运行模式 ··· 62
  7.1.2 平战转换（早期转换） ··· 63
  7.1.3 平战转换（临战转换） ··· 67
  7.1.4 平战转换（紧急转换） ··· 70
 7.2 战时阶段 ··· 72
  7.2.1 敌实施空袭时 ··· 72
  7.2.2 空袭间隙 ··· 73
 7.3 战后阶段 ··· 80

### 第8章 上海轨道交通设施改造与升级 81
 8.1 既有线路设施设备改造与升级 ··· 81
  8.1.1 人防设施设备改造升级 ··· 81
  8.1.2 通信、信号设施设备改造升级及保障措施 ··· 84
 8.2 新建线路升级 ··· 84
  8.2.1 新建线路防护能力升级 ··· 84
  8.2.2 新线车站与周边地下空间互联互通 ··· 90
  8.2.3 防护单元设置 ··· 93
  8.2.4 新线路规划 ··· 94

### 第9章 主要研究结论 97

### 附录A 现代战争研究 99
 A1 军事变革形势分析 ··· 99
 A2 现代战争特征和作战模式 ··· 100
  A2.1 现代信息化战争的特征 ··· 100
  A2.2 现代信息化战争的作战样式 ··· 102
  A2.3 现代信息化战争中的毁伤及威胁 ··· 105
 A3 城市在战时面临的威胁及灾害分析 ··· 107
  A3.1 城市空袭威胁分析 ··· 107
  A3.2 空袭对城市可能造成的灾害分析 ··· 108
  A3.3 城市其他威胁分析 ··· 109

### 附录B 上海人防、轨道交通现状与规划 112
 B1 上海人防及轨道交通现状 ··· 112
  B1.1 上海人防"十三五"规划实施情况 ··· 112
  B1.2 上海轨道交通现状 ··· 113
 B2 上海人防及轨道交通规划 ··· 113

| | B2.1 上海人防"十四五"发展趋势 | 113 |
| | B2.2 上海人防"十四五"重点建设任务 | 114 |
| | B2.3 上海轨道交通规划 | 118 |

**附录C 国内外轨道交通兼顾设防现状** ......... 119
  C1 概述 ......... 119
  C2 国内典型城市轨道交通兼顾设防现状 ......... 119
    C2.1 北京设防现状 ......... 119
    C2.2 天津设防现状 ......... 121
    C2.3 广州设防现状 ......... 122
    C2.4 重庆设防现状 ......... 124
    C2.5 杭州设防现状 ......... 126
  C3 国外典型城市轨道交通兼顾设防现状 ......... 127
    C3.1 乌克兰基辅设防现状 ......... 127
    C3.2 英国伦敦设防现状 ......... 128
    C3.3 俄罗斯莫斯科设防现状 ......... 130
  C4 总结分析 ......... 132
    C4.1 国内轨道交通设防模式对比 ......... 132
    C4.2 由乌克兰危机引发轨道交通建设的思考 ......... 133

**附录D 杭州轨道交通和北京轨道交通人防功能现状调研与分析** ......... 134
  D1 杭州轨道交通兼顾设防情况 ......... 134
    D1.1 轨道交通设防依据和设计原则 ......... 134
    D1.2 孔口防护设计 ......... 135
    D1.3 战时风水电设计 ......... 142
    D1.4 杭州轨道交通人防建设现场调研 ......... 143
  D2 北京轨道交通兼顾设防特色 ......... 154
    D2.1 轨道交通设防依据与设防原则 ......... 154
    D2.2 轨道交通兼顾设防标准 ......... 155
    D2.3 轨道交通人防建设特色 ......... 155
    D2.4 北京轨道交通1号线设防情况 ......... 157
  D3 轨道交通人防功能现状分析与建议 ......... 158
    D3.1 开敞式车站设防原则未统一 ......... 159
    D3.2 重点设防站设置原则与实施可行性存在冲突 ......... 160
    D3.3 设防车站平战转换工程量待细化 ......... 160
    D3.4 轨道交通一体化设计对防护方案产生的影响 ......... 161
    D3.5 现有线路设防原则存在局限性 ......... 162

**参考文献** ......... 164

# 第 1 章 绪 论

## 1.1 研究背景及意义

根据现行规范要求,轨道交通的人民防空(简称"人防")功能为"轨道交通地下工程战争时期(简称"战时")在拟定的核武器、常规武器和生化武器的袭击和袭击后的城市次生灾害作用下,应具有保障人员安全交通、转移和物资运输的功能,车站战时宜作为紧急人员掩蔽部,也可作为物资储备场所。"其中,"保障人员安全交通、转移和物资运输的功能"主要发生在空袭之前;在空袭发生时,轨道交通主要是作为紧急人员掩蔽部及物资储备场所;在空袭之后,轨道交通能否恢复运行以及如何恢复运行等问题尚未有针对性的研究和讨论。

随着社会与城市的不断发展,一些能够影响轨道交通人防功能的外部条件正在发生一系列变化,这些变化可概括为以下几点。

**1. 以人员掩蔽功能为主的人防设施取得较大发展**

随着城市化发展和经济增长,城市地下空间开发利用强度越来越大,兼顾设防的地下空间也越来越多,以人员掩蔽功能为主的人防设施取得了较大发展。

**2. 轨道交通已成为公共交通的主力**

近20年来,我国轨道交通得到飞速发展,已逐步成为公共交通的主力。至2022年年底,上海轨道交通占上海市公共交通出行比例已达73%,日均客流量达1 061万乘次,公交骨干作用日益凸显。随着网络化的推进,该比例将会继续增加。

**3. 城市规模仍在继续扩大**

伴随着城市边界的扩张,轨道交通线网不断发展,城市内部各区域之间的融合互通也变得紧密而多样。普通的公共交通系统已无法满足超大规模的城市交通需求,而必须依靠轨道交通网络的支撑。

**4. 对轨道交通战时发挥运输功能的期望不断增大**

在战时,特别是在早期疏散、临战疏散阶段或空袭间隙,且外界未染毒时,按照防空袭斗争需要,城市的大部分功能仍将发挥作用。为实现城市人口大规模疏散和重要物资储备运输等功能,轨道交通将发挥不可替代的作用。

本书研究的目的是实现轨道交通在战时的运行功能,对战时的运行模式进行研究,并相应地提出各个系统专业的人防要求，包括车辆基地、车站建筑、信号系统、通信系统、供电系统等。

## 1.2 研究内容与技术路线

### 1.2.1 研究内容

本书根据现代战争的特点、城市防御的需求，对上海轨道交通的战时功能进行定位，提出轨道交通在战时应充分发挥其运输功能，并结合上海市实际情况开展研究。

**1. 上海人防现状及规划**

对上海人防工程、人防疏散基地、兼顾设防工程的现状及规划进行梳理，为后续研究提供基础。

**2. 现代战争新形势下上海的防御模式**

根据现代战争的新变化、新特征，提出现代战争新形势下上海的防御模式，并将战争按时间顺序划分为战前、战时及战后三个阶段。

**3. 上海轨道交通战时功能定位**

上海轨道交通工程作为兼顾设防工程，其战时功能主要有运输、人员掩蔽及物资储备功能。依据现代战争城市防御模式及上海市实际情况，本书对战争各阶段的上海轨道交通战时功能重新定位，特别是战时运输功能，不再仅满足战前阶段城市人口疏散需求，因而本书对其在战时空袭间隙阶段及战后阶段的功能发挥也进行了探讨。

**4. 上海轨道交通战时运行模式**

（1）线路与车站的分级研究

目前，上海轨道交通各线路、车站未有差异化，对轨道交通战时功能充分发挥具有一定的制约。根据上海轨道交通现状及城市战时需求，提出了重要线路及重要车站的定义，并建立了上海轨道交通重要线路及重要车站的评价体系。重要线路是指根据区位、运输任务与方向、运输对象与运输量、战争潜力等因素，在人防中发挥重要运输功能的线路；重要车站是指根据轨道交通周边的人口分布、人防设施情况、战时功能定位、战争潜力等因素，在人防中发挥重要人员掩蔽、物资储备和运输功能的车站。

（2）战时运行模式推演

根据轨道交通战时功能的定位，推演了各战争阶段上海轨道交通的运行模式，并重点研究战时受损情况下轨道交通的运行模式，按设施被摧毁及地下设防线路被局部摧毁分类研究，探讨了跳站运行、分段运行、抢险抢修、车站与其他人防工程互联互通等措施，以尽可能保障轨道交通战时运行功能的正常发挥。

（3）平战转换—战平切换—战平转换

提出了战平切换（在战争状态时，通过防护设备启闭等方式满足轨道交通工程运输功能和人员掩蔽功能切换的目的）和战平转换，使轨道交通工程的平战转换—战平切换—战平转换形成完整闭环。

与一般人防工程相比，轨道交通工程作为兼顾设防工程，有运行需求。在现行规范的基础上，对轨道交通兼顾设防的平战转换方案进行细化和完善，尽可能平衡轨道交通的运行需求及平战转换工作，以确保轨道交通兼顾设防功能有效和充分地发挥。

在空袭间隙，轨道交通线路要具备迅速恢复运行以满足城市战时运行需求的能力。因此，本书对车辆基地、车站系统、信号系统、通信系统、供电系统等战平切换方案展开研究。

在战后阶段，根据战争毁伤情况，从全线网的角度统筹战平转换工作，提高损伤较小、运输需求较大车站及线路的战平转换优先级，以有效发挥轨道交通运输功能，保障城市尽快恢复至战前状态。

**5. 上海轨道交通设施改造升级**

（1）既有线路改造升级

根据轨道交通各系统专业新的人防要求及已运营各线路的实际情况，提出已运营线路的相关改造方案及措施。

（2）新建线路规划及设计

根据轨道交通各系统专业新的人防要求，提出新建线路规划及设计要求。

### 1.2.2　项目创新点

（1）根据现代战争特点，对上海轨道交通战时功能重新进行定位，对战争不同阶段轨道交通的战时运输功能、紧急人员掩蔽功能、物资储备功能的实现进行研究。

（2）针对空袭间隙阶段，明确轨道交通具有运输及人员掩蔽两个功能快速转换的需求，并创新性地提出了战平切换的概念。

（3）根据上海轨道交通现状及城市战时需求，定义重要线路及重要车站，并建立评价指标体系。

（4）对上海轨道交通战时运行模式进行理论推演，重点研究空袭间隙时期轨道交通在有战争毁伤和无战争毁伤情况下的运行模式以及各专业的战平切换措施。

### 1.2.3　技术路线

本书研究技术路线如图1-1所示。

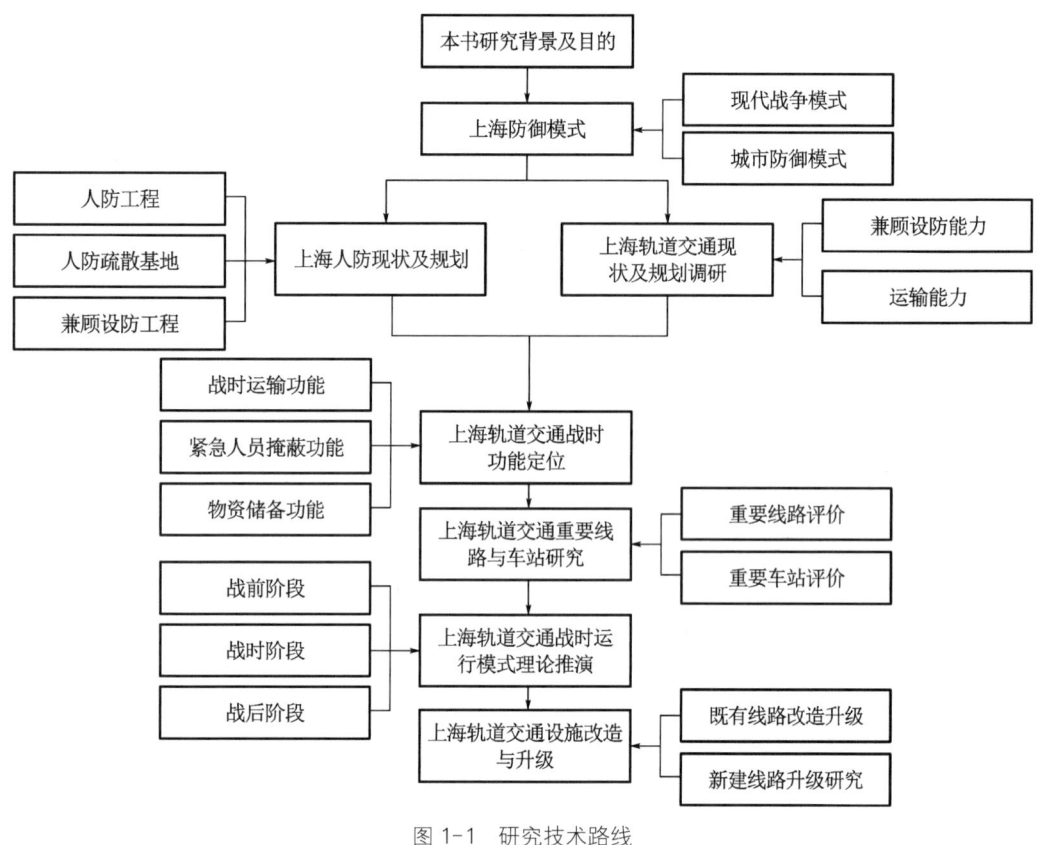

图 1-1 研究技术路线

## 1.3 研究现状

### 1.3.1 相关领域的研究现状、技术指标

目前,国内对于轨道交通兼顾设防的相关规定及现状情况可以从轨道交通的战时功能定位、设防部位、设防方法及措施等方面概括。

(1) 轨道交通的战时功能定位

《地铁设计规范》(GB50157—2013)未对地铁战时功能要求进行表述。《城市轨道交通工程技术规范》(DG/TJ08—2232—2017)和《城市轨道交通设计规范》(DG/TJ08—109—2017)将轨道交通战时功能规定为"战时在拟定的核武器、常规武器和生化武器的袭击和袭击后的城市次生灾害作用下,应具有保障人员安全交通、转移和物资运输的功能,车站战时宜作为紧急人员掩蔽部,也可作为物资储备场所。"

(2) 轨道交通的设防部位

目前,城市轨道交通兼顾设防的部位只有连续长度超过 3 km 的地下工程。对于连续长度不足 3 km 的地下车站及区间隧道（至洞口），或少于 2 座车站的情况，须研究是否设防。其余轨道交通位于地上的重要部位，如高架线路、车辆基地、控制中心、地面主变电站及部分电缆通道等，均未设防。这些部位一旦遭到破坏，势必会严重影响轨道交通的运行能力，后期的恢复也比较困难。

（3）设防方法及措施

设防方法及措施：划分防护单元，每相邻的一站一区间为一个独立的防护单元，各防护单元的内部设备自成独立系统。相邻防护单元之间，在站台层一端端头井处，设置防护密闭隔断门。战时一旦防护单元受到损毁，不会影响其他相邻防护单元。

其他的设防方法及措施，包括战时的出入口、战时的通风和给排水防护及平战转换等，都是将轨道交通车站作为紧急人员掩蔽部来设计的，均未考虑轨道交通在战时状态的运行问题。

## 1.3.2 战时各专业面临的问题

在现有规范体系下，上海轨道交通要实现战时运行，各系统专业将面临如下问题。

（1）车辆基地

战争发生时，为保证轨道交通基本运行功能，在空袭之前的预警期，须将技术状态良好的列车迅速驶入地下区间并停放于存车线或正线。为尽可能多地保存列车，必要时可进行全线正线停车，待警报解除后可释放部分列车返回地面。

（2）地下车站

根据战时需要，实现轨道交通工程运输功能和人员掩蔽功能的快速切换，且战平切换措施不应对其他设施造成破坏。

战时需使用的口部，包括战时出入口及进排风口，按现行规范要求作人防设计。战时不需使用的其他口部，采用一道防护密闭门临战封堵，不宜采用防护密闭封堵板，以方便空袭间隙时快速恢复使用。

车站的区间人防门宜改造为新型人防门，即在关门之前不需要拆除触网，才有可能在空袭后快速恢复运行。

（3）信号系统

战时信号系统若被破坏，出现中央故障，经控制中心调度员与车站值班员办理必要的手续后，可由中央遥控转换至车站站控。紧急情况下，车站也可强行办理站控作业。车站实施站控时，应保证线路条件、系统设备均为正常情况。

（4）通信系统

在战争的极端情况下，若控制中心和地面区段突然全部失效，目前的通信系统只能实现地下区段基本的站间电话和单个无线基站内的无线集群通信。即剩余通信系统只能支持列车电话闭塞法运行,且需要有临时调度员启用。此时,轨道交通只能满足人防专业队、支援队等运输,不适宜运输普通乘客。

若能提前作战争预警,可以事先在设防区域补充建设重要的中心级通信系统设备,从而支持战时的调度工作。

(5) 供电系统

目前,上海轨道交通主变电站并不都位于地下,当地上主变电站遭到破坏时,其服务的轨道交通区段将陷入失电瘫痪状态。

# 第 2 章　现代战争模式下的上海防御模式

## 2.1　现代战争模式

当今世界正经历百年未有之大变局,世界多极化、经济全球化、社会信息化、文化多样化继续在曲折中演进,和平发展、合作共赢的时代潮流不可逆转,但国际安全面临的不稳定性、不确定性更加突出,世界并不太平。现代战争就是在现代政治、经济、军事、地理和科学技术条件下进行的战争,作战方式主要有制信息权争夺战、网络中心战、电子战、舆论战、心理战、特种战、太空战、指挥中枢瘫痪战、结构破坏战等,以信息技术为核心的军事高新技术日新月异,武器装备远程精确化、智能化、隐身化、无人化趋势更加明显,战争形态加速向信息化战争演变,智能化战争初现端倪。

信息化战争是指依托信息系统,使用具有一定信息化水平的武器装备和政治手段及相应的作战方法进行的局部战争。信息化战争的特点是空袭作战成为战争主要作战样式。目前,空袭作战日益向无人化、智能化、空天多维一体、高超声速远程精确打击等方向发展,空袭的烈度、精度、广度、深度不断增强,呈现出空天一体、纵深突贯、收放自如等新特征。空袭分为战略空袭、战役空袭和战术空袭。其中,战略空袭作为战略性军事行动,已经被广泛应用于近期局部战争。战略空袭可以单独摧毁对方的军事实力和战争潜力,也可以给地面作战创造速战速决的有利条件,还可以达成有限的军事目的。在某些情况下,甚至可以通过空袭结束战争。按照美军指导空袭的"五环"目标理论,在重要目标防护中,除重要军事、政治目标外,重要经济目标也是重中之重。

各种高性能作战飞机、精确制导武器都将应用于信息化战争中。在一些局部战争中,无人机等"低慢小"非军事目标被应用,因其在雷达、热成像、肉眼和声学探测范围内都难以被发现,在袭击防空导弹系统、各类雷达站、防空武器和有生力量方面表现优异;同时,与精确制导武器相比,无人机制造成本较低,若其以蜂群编队发动攻击,即使防空系统能拦截一部分,其余无人机也足以对目标造成严重损害,可对政治、军事、经济目标构成极大威胁。此外,采用微波炸弹、计算机病毒武器等信息化战争武器可攻击敌信息系统,影响和破坏敌指挥中心和决策机构,使敌政治、军事、经济机构瘫痪,其作用不亚于大规模杀伤性武器。[①]

---

① 限于篇幅在此不赘述,可详见附录 A。

## 2.2 战争阶段划分

### 2.2.1 战前阶段

**1. 国家发布动员令至国家宣布战争状态之前**

当出现战争迹象,形势逐渐紧张,国家的主权、统一、领土完整和安全遭受威胁时,全国人民代表大会常务委员会依照宪法和有关法律的规定,决定全国总动员或者局部动员。国家主席根据全国人民代表大会常务委员会的决定,发布动员令。

国家发布动员令后,转入战时体制,全面进行各项准备工作。人民防空应根据反空袭全局准备的进程,抓紧进行宣传教育,组织人民防空专业队伍临战训练,实施人民防空工程的平战转换,组织重要目标的隐蔽伪装,组织早期疏散。

**2. 国家宣布战争状态至战争爆发之前**

全国人民代表大会常务委员会依照宪法的规定,决定战争状态的宣布。国家主席根据全国人民代表大会常务委员会的决定,宣布战争状态。国家宣布战争状态后,县级以上人民政府组织临战疏散。

### 2.2.2 战时阶段

**1. 首次拉响防空警报至敌实施空袭之前**

当发现敌有明显空袭征候时,依据上级人防指挥机构命令或经上级批准,迅速组织人员掩蔽行动。人员掩蔽的实施由人防指挥机构下达指令,以发布的预先警报为准,按照人防预案的要求统一组织,确保被掩蔽群众能安全、顺利地到达掩蔽场所。

**2. 敌实施空袭时**

当遭敌突然空袭时,依据上级人防指挥机构命令或经上级批准,迅速组织人员掩蔽行动。

**3. 空袭间隙**

当判明敌空袭已经结束,且无其他有威胁的敌空袭兵器出现时,人防指挥机构下达解除空袭警报命令,发出解除空袭警报信号,组织人员撤离掩蔽场所。空袭间隙组织实施消除空袭后果行动。消除空袭后果是指对空袭造成的直接与间接破坏进行抢救、抢险及抢修等行动。

### 2.2.3 战后阶段

全国人民代表大会依照宪法规定,决定战争和和平的问题。战争结束后,政府开展重建工作,恢复城市正常经济生活和社会秩序,实施人民防空工程的战平转换以及疏散人员的返城等。

## 2.3 城市防御模式

### 2.3.1 新形势下的城市防御模式

我国仍处于发展的重要战略机遇期,面临多元复杂的安全威胁与挑战,存在诸多不安全因素,维护国家主权、安全、发展利益的任务艰巨繁重。未来我国面临的信息化战争,主要围绕维护祖国统一、捍卫领土主权和海洋权益,作战对象多元。因此,城市安全面临严峻挑战。战时城市防御体系以疏散与防护相结合、人员与重要目标并重为原则。

疏散是战争空袭或灾害即将来临时,政府组织的人口、战略物资、重要设备和特定生产单元的分散措施。疏散可以保护国家财产安全和居民生命安全,同时把战时没有应急生产任务的居民疏散到相应安全的地域,以减少城市的生活负担。我国奉行的是积极防御、后发制人的战略方针。要实现后发制人的目的,需要战争初期保存好战争潜力。20世纪60—80年代,我国军队工作立足于"早打、大打、打核战争"的临战准备状态,此时的人防疏散行动是以早期疏散为主,有较充足的反应时间,较充分的心理、物资等准备。而在信息化战争中,空袭目的、规模和打击目标有限,为保证国家经济建设不受大的影响和城市功能有效运转,不可能也没有必要组织大规模的早期疏散。早期疏散的人口比例大幅下降,而紧急疏散的人口相对固定。因此,临战疏散的人口比例增大,组织疏散的时间也相应缩短,任务繁重。

防护是城市防御模式的重点。重要目标是城市防御模式的主要防护对象,不同重要目标差异较大:部分重要目标暴露特征多,难以进行隐蔽伪装;部分重要目标较固定,难以搬迁转移;部分重要目标结构复杂,高科技含量高,一旦被破坏难以在短时间内恢复生产;部分重要经济目标同时还是核生化目标,容易产生次生灾害。由于高技术空袭兵器的巨大威力和绝大部分经济设施的脆弱性,传统的防护措施已经很难完全满足要求。重要目标的防护通常采用平时防护、临战防护和战时防护三种方式。做好重要经济目标的防护工作是人民防空的主要任务。

城市人防工程是城市防护体系的重要组成部分,人防工程包括为保障战时人员与物资掩蔽、人民防空指挥、医疗救护等而单独修建的地下防护建筑,以及结合地面建筑修建的具备防护功能、战时可用于防空的地下室。人防工程的发展是以军事斗争人防准备为主导,牵引和推动综合防护体系建设。

从当前城市地下防护工程可能面临的威胁来看,传统战争的防护措施大部分可发挥应有的作用,如防护结构措施、抗爆措施、密闭消防措施等。但必须认清信息化条件下人防工程,特别是重要目标面临威胁的新发展、新挑战,明确人防工程设防标准的发展方向。深入研究信息化条件下的人防面临的新变化、新特点、新发展,有利于更加全面地把握世界新军事变革的特点和趋势,为构建信息化条件下的人防综合防护体系提供有益借鉴。

### 2.3.2　上海城市防御模式

上海是我国重要的直辖市、国家中心城市、超大城市,也是我国国际经济、金融、贸易、航运、科技创新中心以及国家物流枢纽,还是进出口总量位居全球首位的重要港口城市。其战略地位极其重要,且重要目标多,在未来战争中势必为敌重点打击对象。信息化条件下,人民防空行动面对着全新的战争形态、变化的作战样式和复杂的战场环境。上海重要目标若遭受打击,其超大城市的自身属性会进一步加大其毁伤程度,引起连带毁伤,救援工作也面临巨大挑战。针对超大城市的特点,上海采取多种手段做好"早期疏散、临战疏散、紧急疏散"的保障,制定以人防工程为主和兼顾设防工程为辅的地下防护网络空间掩蔽方案。

城市人口疏散场所是接收和安置城市疏散人口的区域。战时有计划地组织城市人口疏散到安全地域,是减轻空袭危害、减少人员伤亡的重要举措。对于上海而言,由于早期规划布局与城市快速发展不相适应,导致人防工程配比及分布存在不合理情况,部分中心城区战争状态下无法保障大规模人员就地、就近疏散掩蔽。目前,上海积极利用地上地下相结合的场所以及轨道交通等疏通干道,加快推进人防疏散基地建设,提高城市综合防护能力。

在城市防护方面,上海市积极贯彻"全民防护、重点建设、平战统筹、军民融合"建设要求,做到人防指挥体系完善、预警报知系统完备、专业队伍初具规模。在重要目标防护方面,由于上海是国际经济、金融、贸易重点发展城市,其重要经济目标防护是重要目标防护的重点。上海拥有全国规模最大的轨道交通网络,其具有成网络、结构强度大等特点,是上海城市防御模式防护体系中的一部分。目前,上海积极构建以轨道交通为基础的连片成网的地下空间防护网络体系,并研究轨道交通战时运行模式,深入研究轨道交通与人防工程相结合,构建更可靠的上海城市防御体系。①

---

① 限于篇幅在此不赘述,可详见附录 B。

# 第 3 章　上海人防现状及规划

## 3.1　上海人防概述

上海人防在城市防御体系中发挥了举足轻重的作用。目前,上海人防建立了城市人防综合防护体系,包含人防通信警报体系建设、重要经济目标防护、人口疏散体系,以及中心城区、各郊区人防工程建设等。上海人防建立人防综合防护体系的总体思路如下。

(1) 根据其超大城市的战略定位与环境,研判战时城市可能遭受打击的方向和强度,根据毁伤后果,划定城市防护重点。

(2) 结合城市行政区划、功能组团、自然地理等因素,划分城市防空区(片)。其中,防空区原则上与区县级行政区划相对应,防空单元一般与城市控制性详细规划单元相对应。当防空区范围较大、包含防空单元较多时,可根据城市空间结构或功能组团,将防空区内部相对独立的区域划分为防空片,每个防空片包括若干防空单元。

(3) 根据城市防护重点,确定各防空区(片)人防工程建设策略、人口疏散比例、人防警报布局要求等分区建设策略。

(4) 依据城市重要经济目标与重点地区分布,评估其毁伤影响范围,确定对应的防护要求和防护措施,提出重要经济目标周边区域与重点地区的人防工程、人防警报设施建设要求,以及人口疏散要求。

(5) 轨道交通、隧道、地下道路等地下交通干线以及综合管廊、电站、水库、公共停车库等地下公共基础设施应兼顾人民防空需要。其中,将轨道交通、隧道、地下道路与附近重要的人防工程和人防主干道、支干道相连通;暂时不能连通的,根据人防建设规划预留连通口。

目前,上海人防根据人民防空重点城市定位,调整优化人防工程、人防警报、人防疏散基地和应急避难场所建设布局,按照标准落实规划指标,不断提升人民防空建设水平和可持续发展能力。2019 年 7 月,《沪苏浙皖人防办关于共同推进长三角区域人防一体化发展协议》签订,此后上海人防不断加强一体化协调发展,形成了多元集成的全方位人防力量。

## 3.2 人防工程建设现状与规划

### 3.2.1 现状

人防工程主要分为指挥工程、医疗救护工程、专业队工程、人员掩蔽工程和配套工程五类。指挥工程是保障人民防空指挥机关战时能够不间断工作的人民防空工程。医疗救护工程是战时为抢救伤员而修建的医疗救护设施,根据作用的不同可分为三等:一等为中心医院,二等为急救医疗,三等为救护站。专业队工程是战时保障各类专业队伍掩蔽和执行勤务而修建的人民防空工程。人员掩蔽工程是战时供人员掩蔽使用的人民防空工程。配套工程是战时用于协调防空作业的保障性工程,主要包括物资库、区域电站、供水站、食品站、生产车间、疏散干道、警报站和核生化监测中心等工程。

在上海市人防工程中,人员掩蔽工程建筑面积占比最大,物资库工程建筑面积占比次之,指挥工程、医疗救护工程、专业队工程和其他配套工程建筑面积占比较小。

### 3.2.2 规划

**1. 人防工程建设发展总体目标**

在信息化条件下,城市人防工程建设的总体目标是:以防核生化威胁条件下的信息化常规武器打击为重点,结合城市建设发展,坚持质量标准,着眼提高基于信息系统的工程体系综合能力,使工程布局合理,种类齐全配套,比例更加协调,平战转换措施更加适当。

基于城市经济与城市建设基本情况和人防工程建设发展阶段性特征,根据城市人民防空工程建设的总体目标,加快转变人防工程建设发展方式,着力解决制约人防工程建设科学发展的突出矛盾和问题。重点围绕以下三个方面进行。

一是基础性的工程设施建设不能放松,这是人防工程体系能力建设的根本性基础。以适应信息化条件下防空袭作战为核心,统筹兼顾,重点建设。加强重要目标周边,尤其是重要经济目标的配套工程建设;结合地铁、隧道、地下商场等城市地下空间,加强人员掩蔽工程的建设;积极鼓励疏散场所的扶助性配套工程建设。

二是进一步加强人防工程信息系统建设与发展,这是信息化能力建设的关键支撑。首先,应进一步加强人防工程信息网络的建设,确保按照标准化、一体化、集成化的原则形成网络联通能力;其次,应进一步加强人防工程信息系统的建设,确保战时和平时人防工程的高效决策与指控能力;最后,应进一步加强工程、人防队伍的信息库、数据库等基础建设,为信息系统的构建提供科学、严谨、可靠的基础支撑能力。

三是必须把人防工程系统集成作为主要突破口,这是人防工程保障能力要素体系形成的核心。首先,切实以信息化战争条件为背景,建立和完善人防工程信息系统与人民防空行动互动同步的研究、建设与使用机制,保障信息化能力能真正得到提高;其次,针对重难点、深层次的体制、机制问题展开深入研究,探寻难以适应信息化战争要求的内容,谋求打破提升体系能力屏障的方法。

**2. 人防工程建设发展主要思路**

城市人防工程建设发展涉及人防体系建设的多个方面乃至城市建设的各个领域,要完成这一任务,必须确立与之相适应的发展思路,遵循科学合理的建设发展准则。

人民防空工程是信息化战争人防体系的重要组成部分,工程的建设应当适应战争样式的转变,同时也要改变自身的发展和建设理念,提高工程体系和整体的防护能力。我们必须着眼于有效履行人防使命,坚持以军事斗争人防准备牵引综合防护体系建设。

人防工程建设发展主要思路包括以下三点。

一要突出信息主导。信息化战争下的防护救援战场,信息无处不在,其融入人防空袭斗争筹划组织和实施的各个环节,主导疏散、掩蔽、救援以及决策行动。只有掌握信息优势,才能形成决策优势和防护行动优势。必须推动人防工程体系建设指导思想向"信息主导防护"转变,把信息化建设贯穿于人防工程体系建设各领域和全过程,充分运用信息技术的渗透性和连通性,改造完善并建设发展防护要素单元。

二要注重体系融合。信息化战争是体系与体系的对抗。必须遵循体系建设规律,围绕整合防护要素单元和防护资源,从总体筹划设计到要素分类建设,制定统一的标准,构建一体化平台,将防护工程、疏散地域、疏散基地、救援设施、专业队伍、指挥系统以及综合保障措施整体纳入、整体规划、整体推进,发挥"体系增能"效应。

三要实施综合防护。既要重视物理目标防护,防精确制导武器打击,又要重视信息和心理等方面的防护。坚持多种防护措施相结合,充分依托专用防护救援设施,有效利用城市地下、地面空间,广泛采用先进防护技术,灵活应用战法对策,切实发挥各种防护手段的综合效益。

## 3.3 人防疏散基地建设现状与规划

### 3.3.1 现状

根据信息化战争精确打击的毁伤影响,按照精准疏散的要求,合理确定各防空区(片)的人口疏散比例。重要经济目标周边区域和重要地区的人口疏散比例应考虑空袭及次生灾害毁伤影响。目前,上海人口疏散比例以中心城区最高,近郊区次之,远郊区最低。

上海人防疏散基地分为本市范围内人防疏散基地和跨省市人防疏散基地,主要承担城市人口疏散时的指挥通信、人员物资中转保障、医疗救护、食品物品保障、临时安置等任务。

"十三五"期间，上海已建成1个市级人防疏散基地，该人防疏散基地设有人口疏散保障所需的应急指挥、应急供电、应急供水、标示牌、住宿区、棚宿区等设施设备和场地。

### 3.3.2 规划

**1. 人防疏散基地建设原则**

人口疏散是城市防御的基本措施之一。在战时有计划地把城市人口疏散出去，可减轻空袭对城市人民生命财产安全的威胁，对支援防空袭斗争、保存战争潜力具有十分重要的意义。因此，人防疏散基地的规划与建设成为城市防御体系的重要组成部分。

人防疏散基地的建设原则必须贯彻"长期准备、重点建设、平战结合"的方针，符合统一规划、因地制宜、综合开发、配套建设的要求。建设应做到规模适当、布局合理、功能齐全，充分发挥项目的战备、社会和经济效益。

**2. 人防疏散基地建设标准**

上海作为我国重要的经济、金融、航运、贸易中心，是未来支撑国防战争潜力的重要依托，战略地位极其重要。上海人口规模大，中心城区人口高度集中。截至2020年年底，上海常住人口约2 487万人。根据要求，战时需组织疏散的人口数量较多，疏散基地和疏散地域的需求量较大，战时上海城市人口疏散安置任务十分艰巨。

人防疏散基地建设主要包括以下五个组成部分。

（1）疏散指挥区。按指挥要求划定区域，设置指挥通信设施，满足战时人员疏散指挥需求。结合应急避难场所建设时，可增强应急综合管理区功能配置，实现疏散基地指挥功能。

（2）临时安置区。选定和利用干扰较少的地域和建筑，安排居住、生活、安全设施，保障疏散人口临时安置需求。结合应急避难场所建设时，可扩大应急避难人员的安置范围，并充分利用周边居住、生活设施实现安置功能。

（3）物资储备区。按储备要求划定区域，用于战时疏散区域主要物资储备和分发。结合应急避难场所建设时，可强化应急避难场所应急物资存放和供应区功能，同时利用周边商业和仓储设施实现储备功能。

（4）医疗保障区。按医疗救护要求选定区域，配置医疗功能区、病房区等。结合应急避难场所建设时，可增强应急避难场所应急医疗卫生区功能，同时利用就近医疗设施实现医疗保障功能。

（5）交通中转区。按交通中转要求划定区域，具备停车、检修、配电、调度功能。结合应急避难场所建设时，可强化相关区域功能，增强中转保障能力。

## 3.4 兼顾设防工程

### 3.4.1 工程类型与战时功能

地下空间开发利用兼顾人民防空需要是人防建设与城市建设融合发展的必然要求。在城市建设项目中,兼顾设防工程是依法修建人防工程之外的,以平时功能为主,通过适当增加战时功能设计和平战转换措施,满足战时及临战时人民防空要求的地下建筑。应根据城市预定防护要求的不同,紧密结合地下空间的平时使用功能工程类别进行分类。根据《城市地下空间设施分类与代码》(GB/T 28590—2012)的规定,结合城市地下空间设施其他分类方法,将兼顾设防工程的城市地下空间划分为地下交通设施、地下公共服务设施、地下市政基础设施、地下工业仓储设施、地下防灾设施和地下居住设施六种类型。

兼顾设防工程是对城市战时功能配套不足的补充,也是城市总体防护的需要。根据《上海市地下空间建设兼顾人民防空需要工程技术标准》(DB 31MF/Z001—2023),目前上海市地下空间兼顾设防工程的战时功能主要有:①紧急人员掩蔽工程,战时及临战紧急条件下,保障流动人员、待疏散人员应急掩蔽的场所;单元部分面积可用于紧急物资掩蔽。②紧急物资掩蔽工程:战时及临战紧急条件下保障物资装备储存、转运的应急掩蔽场所。③应急防护工程:通过结构防护,发挥预定战时效能的工程。

**1. 地下交通设施**

地下轨道交通、人行地下通道、车行地下通道主要与人民防空疏散干(支)道相兼顾,必要时可用于人员、物资临时掩蔽;地下汽车库、地下自行车库主要与车辆掩蔽部相兼顾,必要时可用于人员、物资临时掩蔽。

**2. 地下公共服务设施**

地下综合商场、地下商业步行街、地下餐厅、地下歌舞厅、地下电影院、地下办公会议场所主要与人员备用掩蔽、人员临时掩蔽、物资临时掩蔽相兼顾,必要时可作为人民防空疏散干(支)道。地下学校、地下展览馆、地下阅览场所、地下档案资料库、地下文化馆、地下康复治疗场所、地下实验室、地下体育馆、地下健身房、地下游泳馆主要与人员临时掩蔽、物资临时掩蔽相兼顾,必要时可作为人民防空疏散干(支)道和重要设施设备掩蔽场所。地下综合体应根据战时需要确定功能,具体详见有关设计标准。

**3. 地下市政基础设施**

在新区开发建设、旧城区改造、道路拓宽整治、地下公共空间开发利用以及轨道交通等快速轨道交通设施建设时,应考虑整合地下化建设综合管廊和部分市政设施。

目前,上海地下综合管廊的建设处于试点起步阶段,城市综合管廊兼顾设防工程的战时功能应是对城市生命线系统进行防护,并利于战后生命线修复,即重要设施设备掩蔽。

由于城市地下综合管廊内配建了行车和行人检修通道,设置了出入口,并与周边人防工程相连接,紧急状态下可发挥人民防空疏散干(支)道功能。确定城市综合管廊兼顾人防需要的主要功能为重要设施设备掩蔽。

另外,地下变电站、地下自来水厂、地下污水处理厂、地下燃气调压站、地下供热泵站、地下供热调压站、地下供热交换站、地下固体废弃物收集处理场等兼顾人防需要的主要功能为重要设施设备掩蔽。

**4. 地下工业仓储设施**

普通地下仓库、地下储油仓库、地下储能仓库、地下冷冻仓库主要与物资临时掩蔽相兼顾,地下生产工厂主要与重要设施设备掩蔽相兼顾。

**5. 地下防灾设施**

地下防爆抗震设施、地下应急避险设施主要与人员临时掩蔽相兼顾,必要时可用于物资临时掩蔽等。

**6. 地下居住设施**

地下居住设施主要与人员临时掩蔽相兼顾,必要时可用于物资临时掩蔽等。

### 3.4.2 建设要求

人防工程的抗力等级主要反映人防工程能够抵御敌人核袭击以及常规武器破坏能力的强弱,其性质与地面建筑的抗震烈度类似,是国家设防能力的体现。我国人防工程的抗力等级主要按防核爆炸冲击波地面超压以及常规武器破坏作用的大小划分。因此,人防工程的抗力指标往往是双重的,如某防空地下室防常规武器抗力级别为 5 级(简称"常 5"),防核武器抗力级别为 6 级(简称"核 6")。表 3-1 罗列了兼顾设防工程的战时功能、抗力级别和防化等级。

表 3-1 兼顾设防工程设防类型及要求

| 平时功能 | 战时功能 | 抗力级别 | 防化等级 |
| --- | --- | --- | --- |
| — | 紧急人员掩蔽工程 | 核6、常6 | 丁级 |
| | 紧急物资掩蔽工程 | 核6、常6 | 无 |
| | 应急防护工程 | 常6(结构防护) | — |
| 城市地下电站、水库 | — | 核6、常6 | 无(有运维人员部分为丁级) |

注:轨道交通工程、道路隧道、轨道交通地下车站与周边地下空间的连通工程、城市综合管廊工程、地下车库联络道及市域铁路的兼顾设防工程设计,应执行相关国家、行业和上海市现行标准。

兼顾设防工程建设应以平时功能为主,充分利用平时设施设备,兼顾战时防护功能,应遵循体系防护建设原则,融合集成各防护要素和防护资源;在遭受预定武器袭击产生的破坏效应及次生灾害环境下，应保障工程内人员、物资和重要设备的安全；工程的防护单元应自成防护体系；应采用坚固耐久、耐腐蚀、符合环保和防火要求的建筑材料。

## 3.5 发展方向

总体上看，上海人防工程和疏散掩蔽场所基本能够满足人民防空行动需求。但人防工程地区分布不均衡，中心城区人均掩蔽面积偏小，不能完全实现人员掩蔽地下化。

人民防空人民建，人民防空为人民。上海市人防工程立足上海超大城市人民防空功能定位，围绕履行"战时防空、平时服务、应急支援"的职责使命，聚力推进上海人防治理体系和治理能力现代化，建设强大稳固的现代人民防空体系，铸就坚不可摧的护民之盾。到2025年，基本建成符合上海超大城市人民防空功能定位，与现代战争形态演变相适应、与国防建设和经济社会发展深度融合的人防治理体系。实现人防组织指挥和训练实战化水平大幅提升，城市和重要经济目标综合防护能力显著增强，平时服务和应急支援效能明显提高。

上海拥有全国规模最大的轨道交通网络。轨道交通具有成网络、结构强度大等特点，轨道交通有兼顾设防功能。2009年，国家人民防空办公室发布实施的《轨道交通工程人民防空设计规范》(RFJ02—2009)明确：兼顾人民防空需要的轨道交通工程必须统一规划、同步设计，并应纳入城市人防防护体系。轨道交通工程人防设计应在保障平时使用的前提下，充分利用轨道交通工程平时的设施、设备，完善战时人防防护功能。轨道交通作为兼顾设防工程，可在战时实现疏通干道、紧急人员掩蔽部的功能。轨道交通应当统筹考虑平时交通运输和战时人员疏散、掩蔽功能，力争做到二者无缝对接，使轨道交通真正发挥平战结合的作用。

（1）轨道交通用作疏散干道：当周边人防工程与轨道交通连通时，轨道交通可以方便战时人员疏散、物资运输，充分发挥疏散干道功能。战时所有防护设备仅在空袭时段关闭，进行隔绝防护。在空袭警报前和警报解除后，区间防护设备处于开启状态，机车保持适度运行；即使机车不运行，也可以通过轨道平车、人员步行完成疏散、运输功能。当前上海大部分轨道交通线路与人防疏散基地不关联、不衔接，限制了轨道交通战时为人口疏散行动提供的运输保障能力，今后在轨道交通线路规划时，应当考虑人防疏散基地、人口疏散等战备需要，合理选取线路走向和站点布局。

（2）轨道交通车站用作紧急人员掩蔽部：当轨道交通线路疏散功能中止、疏散人员不能继续疏散时，轨道交通车站作为紧急掩蔽部，供疏散人员短时间临时掩蔽。车站的大空间用于提供水等应急生活物资，能满足基本的呼吸换气要求。鉴于上海中心城区人均掩蔽面积不足，轨道交通车站可以成为有效补充，充分发挥紧急人员掩蔽部的作用。

轨道交通作为城市重大地下基础设施，平时以交通运营为主，战时具有保障人员安全交通、转移和物资运输的功能,战时车站宜作为紧急人员掩蔽部,也可作为物资储备场所。轨道交通既是交通出行的运输线,更是生存发展的生命线,关系到人民群众生命和财产安全,责任重大。因此,上海正积极构建以轨道交通为基础的连片成网的地下空间防护网络体系。①

---

① 限于篇幅在此不赘述,可详见附录 B

# 第4章 上海轨道交通能力现状及规划调研

## 4.1 兼顾设防能力

### 4.1.1 线路情况

上海作为我国四大直辖市之一,长江三角洲世界级城市群的核心城市,国际经济、金融、贸易、航运、科技创新中心和文化大都市,将建设成为卓越的全球城市和具有世界影响力的国际大都市。新的时代赋予上海新的责任,同时也对上海城市交通发展提出了新要求。借鉴国际大都市发展的经验,上海制定了加快建设大容量、快速、便捷、安全、环保的城市轨道交通的发展战略,建立与国际化大都市相适应的综合交通体系,以满足国民经济和社会可持续发展的需要。

上海市于2000年编制完成轨道交通网络系统规划,并纳入城市总体规划,规划共包含17条线路。2005年11月和2006年10月,上海市城市规划管理局先后向上海市政府专题汇报了《上海城市轨道交通网络深化规划》和《上海城市轨道交通规划选线落地》,深化后的上海城市轨道交通网络由21条线路组成。2015年7月,上海市发展和改革委员会正式启动上海市轨道交通第三轮近期建设规划及配套专题的编制工作,建设规划编制年限为2017—2025年。2018年12月11日,《上海市城市轨道交通第三期建设规划(2018—2023年)》获得国家发展和改革委员会正式批复。上海城市轨道交通运营已呈现网络化特征,客流总量逐年增加,客流效益显著提高,运营服务水平逐步提升,在城市公共交通体系中发挥了重要作用。

表4-1梳理了上海既有轨道交通线路的基本情况以及设防情况。上海轨道交通1号线于1993年5月28日正式运营,截至2021年12月30日,上海轨道交通运营里程已达831 km,位列中国第一,也是世界第一,运营线路共20条。

表 4-1 上海既有轨道交通线路建设人防基本概况

| 线路 | 线路情况 | | | | 设防情况 | | | | | | | | | | |
|---|---|---|---|---|---|---|---|---|---|---|---|---|---|---|---|
| | 设防段范围 | 高架/地下 | 浅埋/深埋 | 是否兼顾设防 | 设防部位 | 抗力级别 | 区间隔断门型制，以及对接触网影响 | 战时出入口设备型制 | 非战时出入口封堵方式 | 出入段线设备型制 | 中间风井设防标准 | 地下主变电站设防标准 | 战时进排风口设备型制 | 通风系统 | 供电系统战时供电电源及负荷 |
| 1号线 | — | 地下 | 浅埋 | 否 | — | — | — | — | — | — | — | — | — | — | — |
| 1号线南延伸 | 上海南站 | 地下/高架 | 浅埋 | 是 | 地下车站 | 核6 常6 | 地下院¹ 非标产品，不拆接触网 | 旁通式战时出入口，单扇防护密闭门+密闭门；直通式活门槛防护密闭门+密闭门 | 临战封堵 | 地下院¹ 非标产品，不拆接触网 | — | — | 防护密闭门 | — | 电力系统电源和蓄电池组为主、区域电源为辅 |
| 2号线 | — | 地下 | 浅埋 | 否 | — | — | — | — | — | — | — | — | — | — | — |
| 2号线西延伸、西西延伸 | 娄山关路站—淞虹路站—徐泾东站 | 地下 | 浅埋 | 是 | 地下车站、地下区间、中间风井 | 核6 常6 | 地下院¹ 非标产品，不拆接触网 | 旁通式战时出入口，单扇防护密闭门+密闭门；直通式活门槛防护密闭门+密闭门 | 临战封堵 | 地下院¹ 非标产品，不拆接触网 | 出入口设防护密闭门及口部设防护密闭门，其余口部设防护密闭门或战临封堵 | 口部设防护密闭门或战临封堵 | 防护密闭门 | — | 电力系统电源和蓄电池组为主、区域电源为辅 |
| 2号线东延伸 | 张江高科站—凌空路站 | 地下/高架 | 浅埋 | 是 | 地下车站、地下区间 | 核6 常6 | 地下院¹ 非标产品，不拆接触网 | 旁通式战时出入口，单扇防护密闭门+密闭门；直通式活门槛防护密闭门+密闭门 | 临战封堵 | 地下院¹ 非标产品，不拆接触网 | 出入口设防护密闭门及口部设防护密闭门，其余口部设防护密闭门或战临封堵 | 口部设防护密闭门或战临封堵 | 防护密闭门 | — | 电力系统电源和蓄电池组为主、区域电源为辅 |
| 3号线 | — | 高架 | — | 否 | — | — | — | — | — | — | — | — | — | — | — |
| 4号线 | 宜山路站—海伦路站 | 地下/高架 | 浅埋 | 是 | 地下车站、地下区间 | 核6 常6 | 地下院¹ 非标产品，不拆接触网 | 旁通式战时出入口，单扇防护密闭门+密闭门；直通式活门槛防护密闭门+密闭门 | 临战封堵 | 地下院¹ 非标产品，不拆接触网 | 出入口设防护密闭门及口部设防护密闭门，其余口部设防护密闭门或战临封堵 | 口部设防护密闭门或战临封堵 | 防护密闭门 | — | 电力系统电源和蓄电池组为主、区域电源为辅 |
| 5号线 | — | 高架 | — | 否 | — | — | — | — | — | — | — | — | — | — | — |
| 5号线南延伸 | 环城东路站—奉贤新城站 | 地下/高架 | 浅埋 | 是 | 地下车站、地下区间 | 核6 常6 | 总参四所² 非标产品，不拆接触网 | 直通式活门槛防护密闭门 | 防护密闭门封堵 | 总参四所² 非标产品，不拆接触网 | 出入口设防护密闭门及风井设一樘两扇防护密闭门，其余口部设防护密闭门 | 口部设防护密闭门或战临封堵、封板封堵 | 标准院³ 清洁式通风防护密闭门+风机密闭门 | — | 电力系统电源和蓄电池组为主、区域电源为辅 |

第 4 章　上海轨道交通能力现状及规划调研

（续表）

| 线路 | 线路情况 | | | 设防情况 | | | | | | | | | |
|---|---|---|---|---|---|---|---|---|---|---|---|---|---|
| | 设防段范围 | 高架/地下 | 浅埋/深埋 | 是否兼顾设防 | 设防部位 | 抗力级别 | 区间隔断门型制，以及对接触网影响 | 战时出入口设备型制 | 非战时出入口封堵方式 | 出入段线设备型制 | 中间风井设防标准 | 地下主变电站设防标准 | 通风系统战时进排风口设备型制 | 供电系统战时供电电源及负荷 |
| 6号线 | 世纪大道站—东明路站 | 地下/高架 | 浅埋 | 是 | 地下车站、地下区间 | 核6常6 | 地下院¹非标产品，不拆接触网 | 旁通式战时出入口，单扇防护密闭门+密闭门；直通式活门槛防护密闭门+密闭门 | 临战封堵 | 临战封堵 | 出入口设防护密闭门及密闭门，其余口部设临战或临战封堵 | 口部设防护密闭门或临战封堵 | 防护密闭门 | 电力系统电源和蓄电池组为主、区域电源为辅 |
| 7号线 | 潘广路站—花木路站 | 地下/高架 | 浅埋 | 是 | 地下车站、地下区间 | 核6常6 | 地下院¹非标产品，不拆接触网 | 旁通式战时出入口，单扇防护密闭门+密闭门；直通式活门槛防护密闭门+密闭门 | 临战封堵 | 地下院¹非标产品，不拆接触网 | 出入口设防护密闭门及密闭门，其余口部设临战或临战封堵 | 口部设防护密闭门或临战封堵 | 防护密闭门 | 电力系统电源和蓄电池组为主、区域电源为辅 |
| 8号线 | 市光路站—芦恒路站 | 地下/高架 | 浅埋 | 是 | 地下车站、地下区间、中间风井 | 核6常6 | 地下院¹非标产品，不拆接触网 | 旁通式战时出入口，单扇防护密闭门+密闭门；直通式活门槛防护密闭门+密闭门 | 临战封堵 | 地下院¹非标产品，不拆接触网 | 出入口设防护密闭门及密闭门，其余口部设临战或临战封堵 | 口部设防护密闭门或临战封堵 | 防护密闭门 | 电力系统电源和蓄电池组为主、区域电源为辅 |
| 9号线一期 | 九亭站—宜山路站 | 地下 | 浅埋 | 是 | 地下车站、地下区间、中间风井 | 核6常6 | 地下院¹非标产品，不拆接触网 | 旁通式战时出入口，单扇防护密闭门+密闭门；直通式活门槛防护密闭门+密闭门 | 临战封堵 | 地下院¹非标产品，不拆接触网 | 出入口设防护密闭门及密闭门，其余口部设临战或临战封堵 | 口部设防护密闭门或临战封堵 | 防护密闭门 | 电力系统电源和蓄电池组为主、区域电源为辅 |
| 9号线二期 | 宜山路站（不含）—杨高中路站 | 地下 | 浅埋 | 是 | 地下车站、地下区间、中间风井 | 核6常6 | 地下院¹非标产品，不拆接触网 | 旁通式战时出入口，单扇防护密闭门+密闭门；直通式活门槛防护密闭门+密闭门 | 临战封堵 | 地下院¹非标产品，不拆接触网 | 出入口设防护密闭门及密闭门，其余口部设临战或临战封堵 | 口部设防护密闭门或临战封堵 | 防护密闭门 | 电力系统电源和蓄电池组为主、区域电源为辅 |
| 9号线三期 | 杨高中路站（不含）—曹路站 | 地下 | 浅埋 | 是 | 地下车站、地下区间、中间风井 | 核6常6 | 地下院¹非标产品，不拆接触网 | 直通式无门槛防护密闭门 | 防护密闭门封堵 | 地下院¹非标产品，不拆接触网 | 出入口设防护密闭门及密闭门，新、排风井设一套两用。其余口部设防密闭门 | 口部设防护密闭门或临战封堵，其板封堵 | 标准院³清洁式通风防密闭门+风机密闭门 | 电力系统电源和蓄电池组为主、区域电源为辅 |

(续表)

| 线路 | 线路情况 | | | | 设防情况 | | | | | | | | | |
|---|---|---|---|---|---|---|---|---|---|---|---|---|---|---|
| | 设防段范围 | 高架/地下 | 浅埋/深埋 | 是否兼顾设防 | 设防部位 | 抗力级别 | 区间隔断门型制,以及对接触网影响 | 战时出入口设备型制 | 非战时出入口封堵方式 | 出入段线设备型制 | 中间风井设防标准 | 地下主变电站设防标准 | 通风系统战时进排风口设备型制 | 供电系统战时供电电源及区域负荷 |
| 10号线一期 | 虹桥1号航站楼站+航中路站—新江湾城站 | 地下 | 浅埋 | 是 | 地下车站、地下区间 | 核6常6 | 地下院¹非标产品,不拆接触网 | 旁通式战时出入口、单扇防护密闭门+活门槛式活门槛防护密闭门 | 临战封堵 | 地下院¹非标产品,不拆接触网 | 出入口设防护密闭门及密闭门,其余口部设防护密闭门或临战封堵 | 口部设防护密闭门或战临封堵 | 防护密闭门 | 电力系统电源和蓄电池组为主、区域电源为辅 |
| 10号线二期 | 新江湾城站(不含)—国帆路站 | 地下/高架 | 浅埋 | 是 | 地下车站、地下区间 | 核6常6 | 总参四所²非标产品,不拆接触网 | 直通式战时防护密闭门+密闭门 | 防护密闭门封堵 | 总参四所²非标产品,不拆接触网 | 出入口设防护密闭门及密闭门,风井设一框两门,其余口部设防护密闭门或临战封堵 | 口部设防护密闭门或战临封堵板封堵 | 悬板式活门+护散室 | 电力系统电源和蓄电池组为主、区域电源为辅 |
| 11号线一期 | 桃浦新村站—御桥站 | 地下/高架 | 浅埋 | 是 | 地下车站、地下区间、中间风井 | 核6常6 | 地下院¹非标产品,不拆接触网 | 旁通式战时出入口、单扇防护密闭门+活门槛式活门槛防护密闭门 | 临战封堵 | 地下院¹非标产品,不拆接触网 | 出入口设防护密闭门及密闭门,其余口部设防护密闭门或临战封堵 | 口部设防护密闭门或战临封堵 | 防护密闭门 | 电力系统电源和蓄电池组为主、区域电源为辅 |
| 12号线 | 七莘路站—金海路站 | 地下 | 浅埋 | 是 | 地下车站、地下区间、中间风井 | 核6常6 | 地下院¹非标产品,不拆接触网 | 直通式战时防护密闭门+密闭门 | 临战封堵 | 地下院¹非标产品,不拆接触网 | 出入口设防护密闭门及密闭门,其余口部设防护密闭门或临战封堵 | 口部设防护密闭门或战临封堵 | 防护密闭门 | 电力系统电源和蓄电池组为主、区域电源为辅 |
| 13号线一期 | 金运路站—长清路站 | 地下 | 浅埋 | 是 | 地下车站、地下区间、中间风井 | 核6常6 | 地下院¹非标产品,不拆接触网 | 旁通式战时出入口、单扇防护密闭门+活门槛式活门槛防护密闭门 | 临战封堵 | 地下院¹非标产品,不拆接触网 | 出入口设防护密闭门及密闭门,其余口部设防护密闭门或临战封堵 | 口部设防护密闭门或战临封堵 | 防护密闭门 | 电力系统电源和蓄电池组为主、区域电源为辅 |
| 13号线二、三期 | 长清路站(不含)—张江路站 | 地下 | 浅埋 | 是 | 地下车站、地下区间 | 核6常6 | 地下院¹非标产品,不拆接触网 | 直通式无门槛防护密闭门+密闭门 | 防护密闭门封堵 | 地下院¹非标产品,不拆接触网 | 出入口设防护密闭门及密闭门,风井设一框两门,其余口部设防护密闭门或临战封堵 | 口部设防护密闭门或战临封堵板封堵 | 标准院³清洁式通风防护密闭门+风机密闭门 | 电力系统电源和蓄电池组为主、区域电源为辅 |

# 第4章 上海轨道交通能力现状及规划调研

（续表）

| 线路 | 线路情况 | | | 是否兼顾设防 | 设防部位 | 抗力级别 | 设防情况 | | | | | | 通风系统 | 供电系统 |
|---|---|---|---|---|---|---|---|---|---|---|---|---|---|---|
| | 设防段范围 | 高架/地下 | 浅埋/深埋 | | | | 区间隔断门型制、以反对接触网影响 | 战时出入口设备型制 | 非战时出入口封堵方式 | 出入段线设备型制 | 中间风井设防标准 | 地下主变电站设防标准 | 战时进排风口设备型制 | 战时供电电源及区域负荷 |
| 14号线 | 封浜站—桂桥路站 | 地下 | 浅埋 | 是 | 地下车站、地下区间、中间风井 | 核6常6 | 总参四所[2]非标产品，不拆接触网 | 直通式活门槛防护密闭门+密闭门 | 防护密闭门封堵 | 总参四所[2]非标产品，不拆接触网 | 出入口设防护密闭门及风井设一框两闭门，其余口部设防护密闭门 | 口部设防护密闭门或战时堵封板封堵 | 总参四所[2]清洁式通风防护密闭门+密闭门机密闭门 | 电力系统电源和蓄电池组为主，区域电源为辅 |
| 15号线 | 紫竹高新区站—顾村公园站（不含上海南站） | 地下 | 浅埋 | 是 | 地下车站、地下区间、中间风井 | 核6常6 | 总参四所[2]非标产品，不拆接触网 | 直通式活门槛防护密闭门+密闭门 | 防护密闭门封堵 | 总参四所[2]非标产品，不拆接触网 | 出入口设防护密闭门及风井设一框两闭门，其余口部设防护密闭门 | 口部设防护密闭门或战时堵封板封堵 | 总参四所[2]清洁式通风防护密闭门+密闭门机密闭门 | 电力系统电源和蓄电池组为主，区域电源为辅 |
| 16号线 | 惠南站—临港大道站—滴水湖站 | 地下/高架 | 浅埋 | 是 | 地下车站、地下区间、中间风井 | 核6常6 | — | 旁通式出入口，单扇式活门槛防护密闭门+密闭门 | 临战封堵 | — | 出入口设防护密闭门，其余口部设防护密闭门或临战封堵 | 口部设防护密闭门或战时堵封板封堵 | 防护密闭门 | 电力系统电源和蓄电池组为主，区域电源为辅 |
| 17号线 | 淀山湖大道站—汇金路站 | 地下/高架 | 浅埋 | 是 | 地下车站、地下区间、中间风井 | 核6常6 | 总参四所[2]非标产品，不拆接触网 | 直通式活门槛防护密闭门+密闭门 | 防护密闭门封堵 | 总参四所[2]非标产品，不拆接触网 | 出入口设防护密闭门及风井设一框两闭门，其余口部设防护密闭门 | 口部设防护密闭门或战时堵封板封堵 | 标准院[3]清洁式通风防护密闭门+密闭门机密闭门 | 电力系统电源和蓄电池组为主，区域电源为辅 |
| 18号线一期 | 航头站—长江南路站（不含复旦大学站） | 地下 | 浅埋 | 是 | 地下车站、地下区间、中间风井 | 核6常6 | 总参四所[2]非标产品，不拆接触网 | 直通式活门槛防护密闭门+密闭门 | 防护密闭门封堵 | 总参四所[2]非标产品，不拆接触网 | 出入口设防护密闭门及风井设一框两闭门，其余口部设防护密闭门 | 口部设防护密闭门或战时堵封板封堵 | 总参四所[2]清洁式通风防护密闭门+密闭门机密闭门 | 电力系统电源和蓄电池组为主，区域电源为辅 |
| 18号线二期 | 长江南路站—大康路站 | 地下 | 浅埋 | 是 | 地下车站、地下区间、中间风井 | 核6常6 | 地下院[1]新研发非标产品，不拆接触网 | 直通式活门槛防护密闭门+密闭门 | 防护密闭门封堵 | 地下院[1]新研发产品，不拆接触网 | 出入口设防护密闭门及风井设一框两闭门，其余口部设防护密闭门 | 口部设防护密闭门或战时堵封板封堵 | 地下院[1]清洁式通风防护密闭门+密闭门机密闭门 | 电力系统电源和蓄电池组为主，区域电源为辅 |

注：
1 上海市地下空间设计研究总院有限公司，简称"地下院"。
2 军事科学院国防工程研究院（原总参工程兵第四设计研究院，简称"总参四所"）。
3 中国建筑标准设计研究院，简称"标准院"。

### 4.1.2 设防情况

**1. 兼顾设防概况**

上海轨道交通人防建设按时间段划分可初步分为三个阶段：探索阶段、相对稳定发展阶段以及逐步完善阶段。其中，探索阶段主要为上海城市轨道交通建设早期，当时上海轨道交通1、2号线等尚处于中国城市轨道交通工程的建设初期，轨道交通工程的全国设防标准及要求尚未颁布，仍处在不断摸索及总结的过程当中，故当时1、2号线尚未考虑相关兼顾设防的功能措施。

2000—2013年，随着轨道交通1、2号线等陆续开通，上海新建轨道交通线路建设开始迅速发展，相关人防设置标准由探索阶段逐步过渡到相对稳定发展阶段。除高架及地面线路外，轨道交通工程地下段工程逐步纳入人民防空工程体系，以此贯彻平时交通为主、兼顾人民防空需要的原则要求。

2014年后进入逐步完善阶段。上海新一批建设的轨道交通线路在贯彻兼顾人民防空原则的同时，对防护单元口部的设置以及防护设备选型等进一步提出要求，推进防护设备的标准化及通用化等，相比原有已建线路，进一步减少了平战转换工程量。

**2. 兼顾设防标准**

根据《中华人民共和国人民防空法》，城市地下交通干线的建设应兼顾人民防空的需要。通过采取一定的防护措施，完善城市轨道交通自身的防护能力，可在未来战争中保护人民生命财产，造福人民。

为提高城市整体防灾抗毁能力，兼顾设防工程设计应在保障平时使用的前提下，充分利用平时已有的结构、设施和设备，对出入口、通风口等关键部位，按照现行的人防工程有关设计规范和标准，增加和完善人防防护功能，包括采用防护功能平战转换的技术措施。

轨道交通地下工程战时在拟定的核武器、常规武器和生化武器的袭击和袭击后的城市次生灾害作用下，应具有保障人员安全交通、转移和物资运输的功能，车站战时宜作为紧急人员掩蔽部，也可作为物资储备场所。

目前，上海已建或在建的城市轨道交通人防工程设防标准包括：轨道交通人防工程地下设防段按甲类人防工程设计，工程防核武器抗力级别为6级，防常规武器抗力级别为6级。轨道交通车站、区间防化等级为丁级，地下主变电所按无防化等级要求进行兼顾设防。

上海轨道交通地下工程兼顾人防设计的范围包括：地下车站、地下区间以及附属于轨道交通地下车站主体及区间隧道以外独立设置的安装重要设备的地下主变电所、地下中间风井等工程。

目前轨道交通人防设计的主要依据有以下三项。

(1)《中华人民共和国人民防空法》。

(2) 上海市国防动员办公室(原上海市民防办公室)相关批文。

(3) 人防设计主要遵照的有关规范、标准：

①《轨道交通工程人民防空设计规范》(RFJ02—2009)；

②《地铁设计规范》(GB50157—2013)；

③ 其他现行的国家有关标准、规范和规定等。

**3. 防护单元的划分**

防护单元基本按一个车站与一个相邻区间划分为一个防护单元，相邻防护单元之间设置防护密闭隔断门或防护密闭隔断门兼防淹门将其分隔。各防护单元的内部设备应自成独立系统。

对于换乘车站宜分线划分防护单元。各换乘线路设防等级不同时，分线划分防护单元。若与相邻线路车站主体结构无法分隔时，合并为一个防护单元，设防抗力级别应取高者。当多线换乘车站合并为一个防护单元时，换乘车站宜以一条线路的一个相邻区间和车站为一个防护单元，其他线路区间在该车站两端设置防护密闭隔断门。同步实施到位的换乘车站，人防设计、施工应全部到位。

附属于轨道交通地下车站主体及区间隧道以外，独立设置的安装重要设备的地下工程，宜单独划分防护单元。

目前上海轨道交通人防工程的防护单元基本按以上原则划分，以独立通道连通形式进行换乘的车站也按分线设防的原则进行防护单元的划分。但对于换乘形式为 T 形、L 形等无法实施完全分隔的换乘车站，目前以合设为一个防护单元的原则进行防护单元的划分。

**4. 战时和平时出入口的防护**

轨道交通工程防护单元的战时出入口与平时出入口一般以结合设置为主。每个防护单元的战时人员出入口按不少于 2 个(不含连通口和垂直式出入口)设置，并应有不少于 1 个直通室外地面的战时主要人员出入口(垂直式除外)，各战时人员出入口之间的距离不宜小于 15 m，并宜设置成不同朝向。直通室外地面的战时主要人员出入口宜设置在地面建筑倒塌范围之外；当不能设置在倒塌范围之外时，口部应设防倒塌棚架。

战时人员出入口通道净宽度应不小于 1.50 m，净高度应不小于 2.20 m；门洞净宽度应不小于 0.80 m，净高度应不小于 2.00 m。战时人员出入口门洞净宽度之和(不含连通口和垂直式出入口)按掩蔽人数每 100 人不小于 0.30 m 计算确定。

目前上海轨道交通人防工程的战时出入口均按以上原则设置。

在战时出入口人防段的布置方式上，2014 年之前已设计并建成的线路(以下简称"早期线路")主要以旁通式战时出入口形式(单扇防护密闭门 + 密闭门)，或直通式活门槛防护密闭门+密闭门形式为主。2014年之后设计的新建轨道交通线路(以下简称"后期线路"),例如5号线南延伸、13号线二期和三期、14号线、15号线、18号线等轨道交通工程的战时出入口,基本以直通式防护段的形式为主,在出入口通道人防防护段以防护密闭门和密闭门各一道的原则设置。相比早期线路的布置方案,其进一步减少了平战转换工程量。

除战时人员出入口以外的其余平时人员出入口,早期线路多采用以型钢封堵的临战封堵形式。后期线路基本以采用一道防护密闭门临战封堵的原则设置,或对于存在特殊情况的出入口采用成品防护密闭封堵板进行封堵,以进一步减少平战转换工程量。

**5. 战时和平时进、排风口的防护**

战时进、排风口宜结合平时进、排风井设置,且宜分别设置在车站两端。风井宜位于周边地面建筑的倒塌范围之外,不能满足条件时,应有防倒塌、防堵塞措施。

在战时风井人防防护的设置方式上,早期线路为平时进、排风口兼作战时进、排风口设防护密闭门一道,临战时另增设临时密闭措施。当平时通风量较大、防护密闭门通过风量面积不足时,可在门框墙上方留通风口,该风口采取临战封堵措施。防护密闭门门框墙要求同步施工到位,仅供平时使用的进、排风井口部采取临战封堵措施,主要采用型钢封堵的临战封堵措施,车站高风井以井口下风口垂直封堵为主,低风井则采用井口临战水平封堵措施的设置原则。地下车站两端活塞风井临战时采取垂直封堵或水平封堵措施,以垂直封堵为主。

后期线路,如5号线南延伸、13号线二期和三期、14号线、15号线、18号线等轨道交通工程的战时风井,车站战时采用清洁式和隔绝式两种方式通风。战时清洁式进、排风各利用车站平时的一个新风井和排风井,在风道内设置人防防护段,防护段中设置清洁式通风防护密闭门和进(排)风机密闭门各一道。当室外空气未被核生化武器及各类常规武器造成的次生灾害污染时,采用清洁式通风。当室外空气已被核生化武器及各类常规武器造成的次生灾害污染时,进行隔绝式防护。隔绝式防护时,关闭车站所有进、排风道内的防护密闭门以及关闭所有通风设备,并保证在隔绝防护时间内$CO_2$的浓度不大于2.5%,隔绝防护时间不少于3 h。

除战时清洁式通风的进、排风口外,其余平时通风道优先采用一道防护密闭门或成品的防护密闭封堵板封堵的临战封堵形式,以进一步减少平战转换工程量。

**6. 区间防护密闭隔断门和出入段线口部区间的防护**

后期线路相邻防护单元之间在车站一端设一道区间防护密闭门或采取临战封堵措施进行防护。在出入段线口部正线区间防护段设一道区间防护密闭门及临战时另增设一道防护密闭门,或采取临战封堵措施进行防护。

后期线路相邻防护单元之间在车站一端设置一道区间防护密闭门进行防护;区间

防护密闭隔断门在相邻防护单元之间的,宜设置在车站一端线路直线段,尽量避免在曲线段设置。由地下线引出地面的线路出入段隧道洞口,出入段线口部正线区间采用在防护段内设置出入段线防护密闭门和出入段线密闭门各一道的布置形式进行防护。相比早期线路,后期线路在区间及出入段线人防防护设备平战转换工程量进一步减少。

**7. 中间风井的防护**

将设于区间隧道内的中间风井划入该区间所属的防护单元内,中间风井直通地面的出入口按战时人员出入口要求进行设防,设置防护密闭门和密闭门各一道。早期线路在平时进、排风井等口部采用型钢封堵或防护密闭门封堵的临战封堵形式。

后期线路中间风井的平时进、排风井的防护布置原则为采用一框两门的临战封堵形式。其余直通地面的活塞风道等口部采用防护密闭门临战封堵形式,相比早期线路的设置进一步减少平战转换工程量。

**8. 地下主变电站(含电缆通道)的防护**

独立设置的地下主变电站自成防护单元,无防化等级要求。

战时主要出入口,进、排风口宜设置在地面建筑倒塌范围之外,如设置在倒塌范围以内,应采取可靠的防堵塞措施。

早期线路口部设置防护密闭门一道,在平时进、排风井防护段基本采用型钢封堵或防护密闭门封堵的临战封堵形式。

后期线路在平时进、排风井防护段多采用防护密闭门封堵的临战封堵形式,口部设置防护密闭门一道。

地下主变电站输出的环网电缆地下通道宜按人防连通口要求设置人防门,并符合防化等级的要求。

**9. 战时供电系统**

上海轨道交通兼顾设防工程的战时供电系统方案基本保持一致,以车站电力系统和蓄电池组电源为主,战时区域电源为辅,战时用电设备的配电尽量利用车站配电系统。

(1) 供电电源由以下三部分组成。

① 车站电力系统电源(车站变电所 220/380 V 电源,可靠);
② 车站平时配备的蓄电池组(车站 EPS 或 UPS,可靠);
③ 区域电源(平时预留,战时根据规划引接,有不确定性)。

(2) 战时负荷应按下列规定划分为三级。

① 一级负荷:战时应急照明、通信报警设备;
② 二级负荷:战时正常照明、重要的通风设备、电动防护设备等;
③ 三级负荷:不属于一级和二级的战时人防其他负荷。

(3) 战时各级负荷的供电应符合下列规定。

① 一级负荷应由车站两路电力系统电源和平时配电的蓄电池组供电,蓄电池组战时供电不少于3 h;

② 二级负荷和三级负荷由车站一路电力系统电源供电;

③ 人防区域电源供电(备用)。

(4) 配电原则。

① 同一防护单元内的用电设备,均由本防护单元内的电源供电。区间隧道照明电源按平时供电模式设计。

② 人防动力照明配电系统利用平时配电系统,尽量做到不增加设备,既节约投资,又便于平战转换和操作。

③ 充分利用地铁车站内交直流屏和蓄电池组作为战时应急电源,保证战时应急照明、指挥通信、报警等用电负荷。

④ 战时区域电源的供电系统与车站降压变电所的供电系统有机结合。战时区域电源直接接入车站变电所的每段低压母线,区域电源进线开关与电力系统电源开关间应有防止误并列的可靠措施。

## 4.1.3 平战转换措施和时间

上海轨道交通工程兼顾人民防空需要的范围包括:地下车站、地下区间以及附属于轨道交通地下车站主体及区间隧道以外独立设置的安装重要设备的地下主变电所、地下中间风井等。一个车站(含配线车站)与一个相邻地下区间宜为一个防护单元。

车站战时作为临时人员紧急掩蔽部和临时紧急物资储备库。设防车站的战时功能为保障人员安全交通、转移和物资运输,车站的大空间战时转换为人员紧急掩蔽场所和紧急物资储备库。根据车站规模大小,车站人员紧急掩蔽人数按800～1 500人考虑。人防工程类型为甲类,防核武器抗力级别为6级,防常规武器抗力级别为6级,防化等级为丁级。

兼顾设防工程的风、水、电等专业基本利用平时设备。战时专用的设备系统平时可不安装,允许在临战转换的规定时限内安装,但平时应预留安装位置及相应的接口。

临战前,在上海人防工程平战转换工作组织机构的统一指挥和具体技术监督、指导下,成立人防工程平战转换实施小组,负责落实平战转换方案。按照早期、临战和紧急转换三个阶段的时限要求,落实平战转换物资的采购、运输和安装施工,经验收合格,确保平时使用状态能迅速转入战时使用状态,在战争中能有效地保障人民群众的生命和财产安全。平战转换实施原则如表4-2所示。

表 4-2 人民防空工程防护功能平战转换实施原则

| 专业 | 转换时限 | 转换内容 | 转换要求 |
|---|---|---|---|
| 土建部分 | 30 d 转换 | 平战使用功能转换 | 转移所有车辆,拆除影响战时功能的设备设施,清理影响工程防护能力的管线,对没有进行管孔封堵的孔洞进行封堵。清理现场及其他 |
| | | 砌筑战时男女干厕 | 30 d 转换完成 |
| | | 1）砌筑战时饮水间<br>2）战时饮用水备置及饮水机设置到位 | 30 d 转换完成 |
| | 15 d 转换 | 完成所有防护设备的检修、调试 | |
| | 3 d 转换 | 对外出入口封堵（外封堵） | 1）平时门框的预埋、凹槽等设置到位<br>2）3 d 内完成封堵板安装、临战封堵 |
| | | 防护单元间封堵（区间隔断门封堵） | 平时门框、门扇安装到位,临战关门 |
| | | 平时通风风口封堵 | 1）平时风口内外封堵框预埋到位<br>2）3 d 内完成封堵板安装及临战封堵 |
| | | 防爆地漏、普通地漏及排水管 | 1）平时与底板施工同步完成<br>2）3 d 转换时限内对防爆地漏进行密闭 |
| | | 战时出入口、战时风井的人防门 | 平时完成安装,3 d 内根据命令关闭 |
| 通风部分 | 30 d 转换 | 技术资料的准备,完成物资、器材筹措和构件加工 | 1）对工事内部进行整理和清理;对战时设备有影响的平时设备进行拆除,整理干净<br>2）穿墙密闭管处理;风管及支架的制作 |
| | 15 d 转换 | 设备安装及调试 | 1）进、排风口部内所有通风设备的安装和调试<br>2）对口部密闭性能的测试;风管的铺设 |
| | 3 d 转换 | 平战工作转换 | 1）进行设施设备综合调试,达到战时使用要求<br>2）对工事内部清理干净,使整个工事达到战时使用要求 |
| 给排水部分 | 30 d 转换 | 完成技术资料准备以及战时水箱、手摇泵等设备的采购和制作 | 对工事进行整理和清理,对战时有影响的平时设备进行拆除,穿墙密闭处理 |
| | 15 d 转换 | 人员掩蔽部战时水箱和设备安装到位 | 战时水箱进行清洗消毒后,方可作为战时人员生活用水贮水箱 |
| | 3 d 转换 | 平时上下水防护 | 战时水箱充满,战时给水系统调试完毕且须达到战时使用要求 |
| 电气部分 | 30 d 转换 | 清点平时专用设备 | 清点平时风机、水泵、照明和弱电设备等 |
| | | 清点检查战时设备 | 清点检查战时专用设备（如清洁式通风控制柜等）,清点检查平战兼用设备（如水泵、照明和弱电设备等） |

(续表)

| 专业 | 转换时限 | 转换内容 | 转换要求 |
|---|---|---|---|
| 电气部分 | 30 d 转换 | 确认战时电源型式 | 确认是否有条件引入战时区域电源(由战时规划确定) |
| | 15 d 转换 | 关闭与战时无关的系统 | 1) 关闭与战时无关的通风、排水和弱电等系统<br>2) 与战时无关的线缆全部接地 |
| | | 战时进、排风机控制箱和线缆到位 | 利用平时环控系统预留的回路,经车站动照桥架敷设 |
| | | 按分区原则关闭部分与战时无关的照明 | 1) 切除部分公共区和区间正常照明<br>2) 切除绝大部分设备区正常照明,仅保留个别战时利用的设备间(如车控室、配电间、环控电控室、废水泵房等)的战时正常照明<br>3) 切除部分应急照明 |
| | | 照明灯具加设防掉落措施 | 战时使用的照明灯具,根据安装方式分别采取防掉落措施,如吸顶式灯具需加设防掉落保护网、线槽灯需采取防掉落绑扎等 |
| | | 引入战时区域电源(有条件的情况下) | 1) 室外覆土采用铠装电缆直敷,进入人防工程界面处利用口部预埋备用管敷设,工程内利用车站桥架敷设<br>2) 接入车站变电所每段低压母线上的预留进线回路<br>3) 使用时,确保区域电源进线开关与电力系统电源开关间应有防止误并列的可靠措施 |
| | 3 d 转换 | 人防电气设备完成检修、调试和维护 | 3 d 转换完成 |

**1. 使用功能平战转换**

总的原则是在满足轨道交通使用功能的前提下,最大限度地利用好其平时的使用功能,实现其平时到战时使用功能的快速转换。

(1) 交通转换

按平时轨道交通的建设连通情况,临战时根据全市统一的疏散部署,经各车站的人防出入口、连通口进行人口的聚拢和集结,经过轨道交通区间隧道以及不同线路间的联络线,将预定数量的城市人口在战前安全疏散到郊区等预定疏散区域。

(2) 车站转换

车站平时作为轨道交通人流集散地的站厅层和站台层,战时转换为紧急人员掩蔽场所和物资储备库。

(3) 辅助用房转换

人防所需要的附属用房尽量利用车站平时已有的房间(如办公室、值班室、卫生间、控制室等)作为平战两用房,战时由人防相关机构统筹安排使用。

**2. 防护功能平战转换**

根据人防战术技术要求和相关设计规范,防护功能平战转换可分为 30 d 转换、15 d 转换和 3 d 转换三个时限。

(1) 30 d 转换:早期转换阶段

砌筑战时男女干厕,砌筑战时饮水间。

拆除影响战时功能的设备设施,清理影响工程防护能力的管线,对没有进行管孔封堵的孔洞进行封堵。

(2) 15 d 转换:临战转换阶段

在有条件时,引入战时区域电源;关闭战时不用的各类用电系统,以确保战时一、二级负荷的连续供电。各种管线的接口、吊架、支架到位,战时不用的电线、电缆全部接地。

标识给排水专业阀门启闭,战时水箱、水泵安装完毕并清洗消毒。

(3) 3 d 转换:紧急转换阶段

平时使用而战时不用的出入口,进、排风道及其他出地面的孔口,在 3 d 转换时限内实施封堵。

关闭通往工程内部的给排水管防护阀门。

各区间防护密闭隔断门及战时人员出入口的防护密闭门、密闭门,按上级命令及时、准确地关闭。

(4) 内部设备及系统的转换

车站通风系统由平时工况转入人防战时工况。参照人防暖通平面图、原理图中的相关操作,临战关闭相关风管阀门。其余暖通公共区大系统风管上的阀门均保持开启状态。

所有给排水管线的防护阀门应关闭。

站台层公共区两侧设战时饮水间各一个,饮水间位置平时预留,临战构筑轻质隔断。每个饮水间内根据车站掩蔽人数临战放置相应数量的桶装饮用水,堆叠 2 层放置,每个饮水间外放置相应数量的饮水机。站厅层布置男女干厕,干厕内设置便桶。

关闭与战时无关的用电设备;战时不用的电线、电缆全部接地;战时照明采用分区配电及控制,人员掩蔽区和人员出入通道应保持连续照明,保持部分战时利用的设备间(如车控室、配电间、环控电控室、废水泵房等)的正常照明,区间及非掩蔽区在需要时保持照明。

**3. 土建部分**

(1) 封堵工程:在所需封堵孔口附近准备所需材料;核对检查封堵孔口处的预埋,检查预埋件是否完整无损、锚固是否牢靠,否则对预埋件进行补强。封堵工程施工方法如表 4-3 所示。

表 4-3 封堵工程施工方法

| 名称 | 位置及施工方法 |
| --- | --- |
| 非战时人员出入口、风口的防护密闭门、封堵板、型钢封堵等 | 封堵部位门洞、墙体、顶板、地面及凹槽清理 |
| | 关闭人防门等设施设备,四周用密封膏嵌缝 |
| | 用细石混凝土将人防门等下口填实 |
| | 人防门等设备封堵后,外侧覆土夯实,门洞下端覆土不小于 1 000 mm,上端不小于 500 mm,堆土高度为门洞高度加 250 mm |
| | 土层外叠放砂袋 1 皮 |

(2) 砌筑工程:依据人防相关图纸要求砌筑战时男女干厕及战时饮水间。砌筑时砌体尽量采用长的主砌块,少用辅助砌块,上下皮应错缝搭接,搭接长度为 200 mm,每 2 皮一循环,个别条件下小砌块的搭接长度不应小于 90 mm。混凝土砌块间的灰缝控制在 8~12 mm。灰缝应饱满平直,饱满度不得小于 90%。砌体顶部与框架结构间的空隙用斜砖填充,砌筑时先平砌 1 皮万能块,然后放置斜砖。砌块墙体砌筑应采用双排外脚手架或里脚手架进行施工,严禁在砌筑的墙体上留设脚手孔洞。

(3) 拆除工程:在开展拆除工作前,必须弄清拆除物周围的管线情况,确定线路走向,切断所有与拆除物相关联的管线。当拆除物内有电缆线路时,应与有关部门取得联系,采取防护措施,确认安全后方可施工。拆除时应严格按照图纸要求拆除,不可自行拆除图纸要求以外的墙体和设施设备。出入口通道中,影响人防门启闭的防护段隔水墙或吊顶应拆除。墙体拆除后应将现场打扫干净,及时清运现场垃圾。

**4. 通风部分**

战时各防护单元设置进、排风机,利用平时通风系统管路,经平战转换,构建战时通风系统。人防进、排风加压风机由环控系统专业人员设计,临战安装到位。

战时使用的防护通风设备平时可暂不安装,但应根据施工设计图纸将有关的预埋件等一次性安装就位,并采取可靠的防锈蚀保护措施。战时不另设置送风管道,利用战时防护单元的进风机、出风口直接与平时使用的通风管道相接即可,平时风管中的阀门根据具体情况作开或关处理。对车站所有的活塞风井进行临战封堵。同时,车站内隧道通风系统战时关闭。

战时新风机、排风机、阀门及其所连接管路,以及站厅站台进排风管之间的连接短管临战安装到位,并应考虑预留操作空间。车站膨胀水管、冷水机组泄压管须引到风井处的防护密闭墙并穿过,墙上预埋防护密闭套管,人防内侧平时预留短管,战时拆除,改装阀门。冷媒管穿防护密闭墙处须预埋防护密闭套管,做法参照《防空地下室给排水设施安装》(07FS02)。战时将冷媒管拆除,套管两端采用法兰盲板封堵。

### 5. 给排水部分

给排水包含战时给水箱、相关手摇泵及出水管等安装,给水管一律采用镀锌钢管、薄壁不锈钢管或内筋嵌入式钢塑复合管丝扣、卡环或法兰连接。

平战功能转换及防护措施:

(1) 平时不使用的贮水箱、给水泵等可暂不安装,应预留管道接口和固定设备的预埋件,临战前应在 30 d 转换时限内施工完毕。

(2) 轨道交通平时用水由市政管网提供,战时不考虑消防用水,围护结构内侧设置的防护阀门应满足消防要求,战时关闭防护阀门。

(3) 各口部密闭通道内的防爆地漏战时关闭,战后需冲洗时打开。

(4) 所有穿过防空地下室围护结构的给排水管道,应在围护结构内侧设置抗力大于等于 1.0 MPa 的防护阀门;所有穿过防护单元隔墙的给排水管道,应在防护单元隔墙两侧设置抗力大于等于 1.0 MPa 的防护阀门。防护阀门采用阀芯为不锈钢或铜材质的闸阀或截止阀,并设置明显的启闭标志,防护阀门垂直于人防围护结构安装,其近端面距离人防围护结构内侧不宜大于 200 mm,并在防护墙上装设防护密闭套管。

### 6. 电气部分

须清点平时专用设备,检查平时已安装的战时专用和平战兼用设备是否到位,电缆是否已敷设到位,并确认战时电源的型式。

在现有条件下,引入战时区域电源。战时进、排风机控制箱和线缆安装到位,战时利用的照明灯具加设防掉落措施,按分区原则关闭部分与战时无关的照明,战时不用的电线、电缆全部接地。

所有人防电气设备完成检修、调试和维护。

### 7. 技术措施

技术措施包括工程施工质量技术措施、安全措施等,均严格执行国家的现行有关规定、规范和规程。

### 8. 验收

防护功能转换施工结束后,根据《人民防空工程防护功能平战转换设计标准》(RFJ1—1998)和《人民防空工程设计规范》(GB50225—2005)[或《人民防空地下室设计规范》(GB50038—2005)]等进行验收。验收应在临战前 3 d 转换时限内完成。

## 4.2 运输能力

### 4.2.1 最小发车间隔

最小发车间隔指正常运营情况下,同一线路的相邻两列同向列车驶离起点站的时间间隔的最小值。国内高峰小时最小发车间隔平均值为296 s。国内100 s及以内线路仅1条,为上海轨道交通10号线;100~110 s(含)线路3条,其中上海有1条(9号线);110~120 s(含)线路14条,其中上海有3条(6号线、7号线和11号线)。上海轨道交通高峰小时最小发车间隔在国际钢轮钢轨制式线路中排名第二,仅次于莫斯科轨道交通(90 s)。

### 4.2.2 编组与车型

上海轨道交通大部分线路(15条线路)采用轨道交通A型车,5、6、8号线采用轨道交通C型车,浦江线采用APM300型车。

上海轨道交通列车编组数为4~8节,采用8节编组的线路有3条,采用6~7节编组的有14条,采用3~4节编组的有3条。

### 4.2.3 定员

A型车定员为310人(标准为每平方米站立6人),16号线因座椅设置方式,定员数为260人左右。A型车8节编组定员为2 480人,6节编组为1 860人。

C型车定员约210人,APM300型车定员约140人。

### 4.2.4 高峰小时断面单向最大运能

表4-4梳理了上海轨道交通各线路单向最大运能。上海轨道交通高峰小时断面单向最大运能最大的为10号线66 960人次/h,其次为9号线61 380人次/h。

表4-4 上海轨道交通各线路单向最大运能

| 线路 | 最小发车间隔(s) | 编组(节) | 车型 | 车辆定员(人)(站立6人/m²) | 列车定员(人)(站立6人/m²) | 高峰小时单向最大运能(人次/h) |
|---|---|---|---|---|---|---|
| 1号线 | 150 | 8 | A | 310 | 2 480 | 59 520 |
| 2号线 | 150 | 8 | A | 310 | 2 480 | 59 520 |
| 3号线 | 150 | 6 | A | 310 | 1 860 | 44 640 |
| 4号线 | 150 | 6 | A | 310 | 1 860 | 44 640 |
| 5号线 | 150 | 4,6 | C | 动车218、拖车200 | 836、1 272 | 30 528 |
| 6号线 | 120 | 4 | C | 310 | 1 240 | 37 200 |

(续表)

| 线路 | 最小发车间隔(s) | 编组(节) | 车型 | 车辆定员(人)(站立6人/m²) | 列车定员(人)(站立6人/m²) | 高峰小时单向最大运能(人次/h) |
|---|---|---|---|---|---|---|
| 7号线 | 115 | 6 | A | 310 | 1 860 | 57 660 |
| 8号线 | 135 | 6、7 | C | 6编拖车199,动车218, 7编拖车200,动车215 | 1 231、1 430 | 38 610 |
| 9号线 | 110 | 6 | A | 310 | 1 860 | 61 380 |
| 10号线 | 100 | 6 | A | 310 | 1 860 | 66 960 |
| 11号线 | 120 | 6 | A | 310 | 1 860 | 55 800 |
| 13号线 | 150 | 6 | A | 310 | 1 860 | 44 640 |
| 12号线 | 150 | 6 | A | 310 | 1 860 | 44 640 |
| 16号线 | 210 | 6 | A | 拖车256、动车264 | 1 568 | 26 656 |
| 17号线 | 240 | 6 | A | 310 | 1 860 | 27 900 |
| 浦江线 | 255 | 4 | APM300 | 140 | 560 | 7 840 |
| 磁浮线 | 1 200 | 5 | 磁浮T208 | 95 | 478 | 1 434 |
| 18号线 | 180 | 6 | A | 310 | 1 860 | 37 200 |
| 15号线 | 220 | 6 | A | 310 | 1 860 | 29 760 |
| 14号线 | 200 | 8 | A | 310 | 2 480 | 44 640 |

## 4.3 疫情管控阶段的运行方案

公共卫生事件就像是一场没有硝烟的战争。2022年上半年上海疫情管控经历了疫情初期、疫情中期、疫情末期、恢复常态等四个阶段,在某些方面与战争有相似性。疫情管控期间的运行模式对战时的运行模式研究有一定的参考和借鉴意义。

疫情初期,结合疫情防控形势和客流情况,自2022年2月14日12:00起,11号线花桥站—兆丰路站暂停运营;3月15日起加大运能优化调整力度,制定线网各线疫情防控运行图,执行动态化运力调整方案,工作日早高峰列车上线数由953列调整为600余列,降幅35%左右,各线路中心城区行车间隔由2 min 30 s调整为不超过8 min,郊区行车间隔由5 min调整为不超过12 min;此外平峰、晚高峰上线列车数也有所调整,降幅分别为20%、30%左右;同时,3月18日起,暂停周末和节假日延时运营;3月23日起,13号线金运路站、金沙江西路站和14号线封浜站、乐秀路站、临洮路站、嘉怡路站共6座车站封站停运。

疫情中期,为坚决贯彻落实2022年3月27日晚上海市召开的新一轮核酸筛查工作动员会精神,上海申通地铁集团陆续下发多份运营方案,分阶段实施轨道交通运营调整。3月28日运营开始起至3月31日运营结束,对浦东浦南地区车站实施封站停运,涉及16线173站(4条浦东地区线路停运,12条跨江线路缩线运营);4月1日暂停所有浦西地区以及浦东、浦南地区部分轨道交通车站运营,涉及16条线388站;4月2日起,根据防控要求,除6号线、16号线外,其他线路暂停运营,全线网停运车站467座。5月10日13:00起,6、16号线全线停止运营,至此全线网所有线路车站均停止运营。

疫情末期,随着上海市发布的确诊病例数和无症状感染人数持续减少,综合考虑全市疫情防控和"三区"划分情况,结合轨道交通实际情况,2022年5月22日起,首先恢复3、6、10、16号线低密度运营,重点连接交通枢纽、医院和商圈,满足市民基本出行需求,行车间隔约为20 min。同时,为缓解往虹桥火车站方向的客流压力,5月23日起,10号线首班车前增开3列往虹桥火车站方向的加班车,确保首列加开列车在6:50到达虹桥火车站。5月26日起,3号线全线及10号线主线段的间隔缩短为15 min。

按照上海市防疫政策,6月1日起,除7座涉疫车站和相关区段外,恢复全线网所有线路运营,计划运能约为常态的50%并机动运力、精准投放,首末班车及运营时间恢复常态,暂不恢复周末延时运营及2号线定点加班车。根据客流研判,为应对疫情后首次大客流考验,6月6日起全线网恢复常态运力配置水平,2号线和8号线单独发布了临时运行图。①

---

① 限于篇幅在此不赘述,可详见附录B、附录C、附录D。

# 第 5 章　上海轨道交通战时功能定位

《中华人民共和国人民防空法》明确规定了"城市的地下交通干线以及其他地下工程的建设,应当兼顾人民防空需要"。轨道交通属于地下交通干线,属兼顾设防工程,平时是保障城市正常运转和人民群众生产、生活的基础工程;在未来反空袭作战中,也能为广大市民就地就近提供疏散及临时掩蔽场所,对稳定人心、减少损失、维持城市正常秩序、保持战争潜力具有十分重要的意义。

## 5.1　轨道交通战时功能研究的必要性

根据现行规范《轨道交通工程人民防空设计规范》(RFJ02—2009),轨道交通战时功能可基本确定为运输功能、人员掩蔽功能和物资储备功能,但在战时发挥这些功能仍存在以下几个问题。

**1. 战时功能如何实现未明确**

根据现行规范,轨道交通工程在战时的主要功能已基本确定,区间隧道宜发挥运输功能,车站宜为紧急人员掩蔽部,也可作为物资储备场所,但各功能特别是运输功能如何实现却并没有详细说明。

轨道交通工程防护单元划分基本以一个车站加一个相邻区间为主,在紧急转换阶段,各区间防护密闭隔断门、战时人员出入口的防护密闭门、密闭门均须关闭,轨道交通车站即转为紧急人员掩蔽部,战时运输功能暂停发挥。轨道交通人员掩蔽功能和战时运输功能无法同时实现,两种功能如何切换未明确。

**2. 线路、车站战时功能未有差异化**

《轨道交通工程人民防空设计规范》(RFJ02—2009)发布于 2009 年 7 月 14 日,当时上海轨道交通仅开通 1~9 号线,且并不都为兼顾设防工程。当时上海轨道交通地下工程大都设在城市的中心繁华区。经过 30 余年的发展,上海轨道交通现已开通 20 条线,总里程 831 km,其地下工程也不再局限于中心城区。上海轨道交通在战时的功能也与其在城市的位置、线路方向有关,各线路战时功能应具有差异化,才可充分发挥轨道交通在战时的功能。

**3. 战时功能未根据战时阶段调整**

战争各阶段差异较大,对轨道交通功能的需求也不同。在战前阶段及战后阶段,轨道交通运输需求较大；在战时空袭期间则更多需要轨道交通发挥人员掩蔽功能和物资储备功能。为充分发挥轨道交通战时功能，须根据战争各阶段及战时实际情况对轨道交通功能进行调整。

**4. 战时功能可进一步拓展及完善**

依据现行规范，车站所储存物资主要满足掩蔽人员战时的食品需求。但随着城市的发展，部分轨道交通车站已逐渐发展为区域中心，特别是在"交通引导开发"（Transit Oriented Development，TOD）模式中，商业、教育、居住等常围绕轨道交通车站开发建设。而往往这些成为区域中心的轨道交通车站面积不小，如人民广场站，其总建筑面积17.61万 $m^2$，换乘大厅地下一层面积8 565 $m^2$，地下二层面积1 113 $m^2$。这类车站大空间除满足车站掩蔽人员战时所需，也可为周边区域战时物资储备提供场所。除食品、饮用水外，也可考虑增加防护器材、通信器材、医疗用品等。

据统计，轨道交通配件有3 000余种，各配件尺寸、重量和储存方式也存在很大差异。战时轨道交通难免会遇到损伤，在空袭间隙，须对轨道交通快速抢险抢修，尽可能恢复其战时功能。可结合车站、车辆段等建立轨道交通战时物资储备库。

上海轨道交通网络已基本形成，经过数十年发展，其与地面公共交通、地下停车、地下步行系统和地下商业等相连接。按现行规划、规范等要求，轨道交通工程也宜与附近人防工程和人防主干道、支干道相连通；暂时不能连通时，也应根据人防工程总体规划预留人防连通口。在战时除利用轨道交通正线运输功能外，也可利用轨道交通与其他地下空间连通优势充分发挥其疏散功能。

## 5.2 不同战争阶段上海轨道交通战时功能定位

### 5.2.1 战前阶段

**1. 需求分析**

战争实践表明，城市是敌空袭的重点。为最大限度地减少人员伤亡和经济损失，须组织人民防空疏散，将可能遭敌空袭地区的人员、重要物资和设备撤离或搬迁。人防疏散通常在战争爆发前组织实施，也称战备疏散。战前阶段主要涉及早期疏散和临战疏散。

早期疏散是指在发现战争征候时，按照战略领率机关的决定进行预有准备的疏散。疏散对象主要是城市流动人口以及老、幼、病、残、孕、幼等其他人员。临战疏散是指国家宣布战争状态后至战争爆发期间的疏散，疏散对象是重要目标附近、人员密集区、商业繁华区的人员、物资、设施等。

上海早期疏散和临战疏散任务较为繁重，主要存在以下几点原因。

# 第 5 章　上海轨道交通战时功能定位

（1）上海不仅人口数量多且人口密度大

根据第七次全国人口普查报告，上海市常住人口约 2 487 万。其中，中心城区常住人口近 1 000 万，人口密度较大，尤其是虹口、黄浦、静安等区的人口密度较高，疏散任务艰巨。

（2）疏散人口差异大

根据第七次全国人口普查报告，上海市 60 岁及以上人口为 581 万，占总人口约 23.4%。疏散人员在年龄、健康、工作属性和疏散需求等方面差异性大，特别是老弱病残幼孕等人员行动需要照顾，个人行动能力弱，长途机动影响大。

（3）信息化战争中疏散时间短

信息化战争的空袭突然性强，且由于精确制导武器的大量应用，精确打击已经取代大规模地毯式轰炸，打击的目标日趋透明、精准化。防空袭一方通常没有必要对居民或重要的设施、物资等进行大规模的早期疏散。在这种情况下，临战疏散已成为信息化战争中城市人民防空疏散的重点，大量的疏散任务都将在临战疏散完成。而临战疏散准备的时间十分短暂，能否以最快的速度在有限的时间内疏散完毕，直接影响人民的生命和财产安危。

（4）物资保障量大

在战前阶段，须制定物资保障计划，不仅需要准备战时留城人员必要的生产生活物资，也须准备接收安置疏散人员的生产生活物资。

**2. 轨道交通功能定位**

早期疏散和临战疏散通常采取集中疏散与自行疏散相结合的方式，以集中疏散为主。与其他交通方式相比，轨道交通在中心城区内速度快，可减少中心城区的交通拥堵，提高疏散效率。且多数轨道交通线路及车站为地下工程，与地面交通方式相比，隐蔽性及安全性更高。

在战前阶段，轨道交通宜维持正常运输功能，保障城市基本功能正常运转，维持社会稳定。同时，须根据人防疏散需求，通过增加列车对数、延长运营时间等，重点保障途经集结点、火车站、机场、码头等线路的运能，配合大巴、铁路、航运等完成早期疏散和临战疏散。

**3. 轨道交通平战转换**

上海人民防空战备实行等级战备制度。上海轨道交通作为兼顾设防工程，其平战转换工作也将依据国家发布的战争动员令、中央军委下达的战备等级转进命令开展。

与人防工程相比，轨道交通在战前阶段仍须发挥运输功能，其平战转换工作宜根据实际情况调整，须平衡运行需求及平战转换工作。对轨道交通运行能力影响较大的孔口及防护密闭门暂缓封闭及关闭，依令或视情封闭及关闭。也可通过跳站运行保障线路发挥有限运输功能，以满足人防疏散需求。跳站车站先行根据平战转换方案完成转换，逐步增加跳站车站数量，与疏散集结点、火车站、机场、码头相邻的车站可最后完成平战转换工作。

其他线路根据平战转换方案，在 30 d 内完成早期转换工作，15 d 内完成临战转换工作，3 d 内完成紧急转换工作。

### 5.2.2 战时阶段

#### 5.2.2.1 敌实施空袭时

**1. 需求分析**

上海市位于中国华东地区，地处太平洋西岸、亚洲大陆东沿、长江三角洲前缘，在长三角城市群发挥着核心城市的作用，战略地位重要，国防任务突出。现代战争的突发性、残酷性、破坏性和高技术装备的精确化、隐形化、智能化都对上海战时防御带来极大的挑战。战时阶段主要涉及人防紧急疏散，即发现空袭或灾害征候时的疏散。

人防紧急疏散必须及时、准确地获取敌空袭情报，迅速传递警报信号。而由于信息化空袭兵器来袭速度快，从发出预先警报信号到敌空袭兵器攻击目标，可争取的组织疏散隐蔽的时间很短。因此，紧急疏散须快速组织留城人员、"三坚持"（坚持作战、坚持生产、坚持工作）人员，依托人防工程实施就地就近疏散掩蔽。

轨道交通工程作为兼顾设防工程，在敌实施空袭时，可转换为紧急人员掩蔽部；当待疏散人员遇到威胁不能继续疏散时，可在就近车站内进行紧急掩蔽。与一般人防工程相比，轨道交通工程具有位置明确、标识明显、民众熟知等优点，可在中心城区战时流动人口紧急疏散时发挥重要作用。

**2. 轨道交通功能定位**

战时轨道交通停止运行，关闭区间防护密闭隔断门，转为紧急人员掩蔽部或人防物资库。须注意的是，轨道交通工程仅为兼顾设防工程，与人防工程相比仍有不少区别，在防护单元、抗爆单元划分、掩蔽人数、风（水、电）的设计标准等方面都作了相应的放宽规定。因此，人防工程仍是留城人员掩蔽时的第一选择，轨道交通工程仅可作为特殊情况下的补充。

#### 5.2.2.2 空袭间隙

**1. 需求分析**

紧急疏散掩蔽人员在空袭过后，根据解除警报信号，利用空袭间隙返回原工作、生活区域。与地面交通相比，轨道交通工程大部分位于地下，安全性、隐蔽性较高，在列车无法运行的情况下，也可利用轨道交通工程与周边人防工程、地下空间的优越连通性，撤离至安全区域。

在敌空袭后，城市难免受到毁伤。须根据情况及时组织各人防专业队赶赴现场，开展医疗救护、消防灭火、抢险抢修行动,以最快的速度、在最短时间内处置事态,尽快恢复城市生产生活和社会稳定。特别在地面交通损毁条件下,可充分发挥轨道交通工程作用,即使列车无法运行,人防专业队也可采用轨道平车、步行等方式通行。

为了维持战时生产能力,保证防空袭能力,上海市人民防空指挥部也将视情临时有组织地召集部分临战疏散人员紧急返城遂行"三坚持"任务。

**2. 轨道交通功能定位**

(1) 空袭间隙较短时

在空袭刚解除或极有可能再次遇到空袭的情况下,各车站仍作为紧急人员掩蔽部或人防物资库使用,列车停运,各孔口、区间防护密闭门维持封堵(关闭)状态。普通居民可利用轨道交通连通道在空袭间隙时撤离至安全区域。人防专业队、支援队等可根据工作需求暂时打开区间防护密闭门,采用轨道平车、步行等方式通行。

(2) 空袭间隙较长时

当空袭间隙较长时,轨道交通可发挥有限运行能力。根据城市需求启用部分或全部轨道交通运输功能,通过减少列车对数、降低列车速度保证列车安全运行,有限发挥轨道交通运行能力。

**3. 战平切换**

考虑仍处于战争状态,轨道交通平战转换工程不拆除,通过战平切换措施,结合城市战时实际需求,调整轨道交通的运输功能和紧急人员掩蔽功能。

### 5.2.3 战后阶段

**1. 需求分析**

战争结束后,临战疏散和早期疏散安置人员根据回撤命令及计划返城,其他自行返乡和投亲靠友的疏散人员,也可择机自行返城。与临战阶段的疏散相比,轨道交通可能会有一定损毁,回撤线路须结合实际情况选择。

**2. 轨道交通功能定位**

发挥轨道交通运输功能,保障城市尽快恢复至战前状态。根据战后轨道交通情况及战后人员回流情况,提高损伤较小、运输需求较大车站的战平转换优先级。

### 5.2.4 轨道交通战时功能定位

轨道交通战时功能是由轨道交通使用性质决定的,也是城市防护的需要。城市的战时需求决定了轨道交通的战时功能,轨道交通的战时功能则直接影响其平战转换措施,5.2.1~5.2.3小节对不同战争阶段的轨道交通功能进行了分析,可简要归纳为表5-1。

表 5-1 轨道交通战时功能定位

| 战争阶段 | | 人防疏散 | 轨道交通战时功能 | 轨道交通平战转换 |
|---|---|---|---|---|
| 战前阶段 | | 早期疏散<br>临战疏散 | 维持正常运输功能，配合完成人防疏散 | 早期转换(30 d)<br>临战转换(15 d)<br>紧急转换(3 d) |
| 战时阶段 | 敌实施空袭时 | 紧急疏散 | 停止运行，转为紧急人员掩蔽部或物资库 | 战平切换 |
| | 空袭间隙 较短 | 撤离掩蔽场所 | 停止运行，作为紧急人员掩蔽部或物资库使用 | |
| | 空袭间隙 较长 | 部分临战疏散人员返城 | 有限发挥轨道交通运输功能 | |
| 战后阶段 | | 回撤 | 发挥轨道交通运输功能 | 战平转换 |

## 5.3 上海轨道交通实现战时功能尚存的问题

### 5.3.1 人员掩蔽功能

**1. 平战转换措施不一致**

上海轨道交通分阶段建设，由于各个时期兼顾设防标准要求所存在的差异性，新老轨道交通线路的人防设施设备以及平战转换工程量不一致。

**2. 平战转换工作量大**

人防功能平战转换分为 30 d 转换、15 d 转换和 3 d 转换三个时限。由于上海早期线路的非战时口部较多采用型钢封堵方式，加工、运输、安装、操作所需时间较长，平战转换工程量较大。目前，上海轨道交通平战转换的应急防护物资储备及轨道交通战时物资集中储备场所设置等有待完善。

**3. 人员掩蔽功能未有差异化**

上海市共有 16 个行政区，黄浦、徐汇、长宁等中心城区与宝山、嘉定、崇明等在城区面积、人口密度等方面均具有较大差异，不同城区的轨道交通人员掩蔽功能差异化未体现。

**4. 未对车站进行分级**

目前，上海轨道交通兼顾设防车站无分级，均为一般设防站。但各区域车站实际情况差异较大，应综合考虑车站周边人口分布、人防设施情况等因素，区分重点设防站及一般设防站。分级后可对各车站实行精细化、差异化管理，充分发挥轨道交通战时人员掩蔽等功能。

### 5.3.2 运输功能

若需发挥上海轨道交通在战时的运输功能,除平战转换措施不一致、平战转换工作量大外,还存在以下几个问题。

**1. 未全线设防**

轨道交通一般由车站、区间、车辆基地、控制中心及主变电所五个部分组成。依据现行规范,城市轨道交通线网中兼顾设防的部位只有地下工程,且是具有连续长度的地下工程。对于连续长度不足 3 km 的地下车站及区间隧道(至洞口),或少于 2 座车站的情况,须会同人防主管部门研究是否设防。轨道交通线网中的其他重要部位,如高架线路(含高架区间和高架车站)、车辆基地、控制中心、地面主变电站等位于地上的部位,均不设防。不设防的地面建筑与设施在空袭中易被摧毁,且一旦被破坏后将直接影响整个线网的运输能力。

**2. 暂缺战平切换及战平转换**

在战前阶段,轨道交通需由平时转为战时模式;在战时阶段,轨道交通需根据情况调整人员掩蔽功能和运输功能;在战后阶段,轨道交通需由战时转为平时模式。

现行轨道交通规范仅明确了平战转换要求,只有平时向战时模式的转换,而没有考虑战时功能调整和战后由战时向平时模式的转换需求,给轨道交通战时充分发挥其功能带来了阻碍。

**3. 未对线路及车站进行分级**

现行规范无重要线路和一般线路区分,但各线路实际情况差异较大。宜结合上海实际情况,根据运输任务类别、运输对象、运输量、地理位置等对线路进行分级,区分重要线路和一般线路。在战时优先保障重要线路的运输功能。

上海已基本建成放射+环线的地铁网络形态,且随着城市化的建设与发展,轨道交通线路数量不断增加,线路交叉的情况增多,换乘站数量也会增加。换乘站的安危将直接影响多条线路运输能力的发挥。在车站分级中,宜考虑运输量、轨道交通网络连通性等因素。

**4. 临战封堵措施**

上海轨道交通部分线路平战转换时需采用临战封堵措施,平时没有密闭门和封堵物,在进入战争状态前,采用预制的防爆板材和砂袋等材料封堵门洞,且须等到战争结束才能拆卸封堵材料。这给战时轨道交通人员掩蔽功能和运输功能切换带来不便。

**5. 暂缺战时运营方案**

目前,暂无上海轨道交通战时空袭间隙运行模式方面的研究与探讨,无战时行车计划、人员组织等方案。

### 5.3.3 物资储备功能

**1. 无战时物资储备清单**

结合车站、线路实际情况,研究轨道交通战时物资储备类型、服务对象及范围、存储能力等。

**2. 无轨道交通战时物资储备库**

在轨道交通战时物资储备库设计中,可根据建设规模、存储能力、地理位置等因素,分级设置物资储备库。例如,结合轨道交通车站建立的物资储备库可存储常需配件,以起到快速响应的作用;结合各线路车辆段建立的物资储备库,可存储各线路的轨道交通配件等。

# 第6章 上海轨道交通重要线路与车站研究

## 6.1 上海轨道交通重要线路与车站研究的必要性

现行标准明确了轨道交通的战时功能,即轨道交通线路是发挥运输与疏散功能的,车站则是发挥人员掩蔽、物资储备功能的。目前,上海没有区分重要车站与一般车站,全国范围内地方也没有提出重要线路与一般线路的概念。在战时,不同轨道交通线路与车站承担的战时功能以及功能发挥程度是不同的,也意味着轨道交通线路或车站的重要性是有差异的,应当研判上海轨道交通车站与线路的重要性。因此,本章以规划的眼光重新审视既有车站与线路的重要性。

本书的重要线路是指根据区位、运输用途与方向、运输对象与运输量、战争潜力等因素评价,在人防中发挥重要运输功能的线路;重要车站是指根据轨道交通周边的人口分布、人防设施建设与规划情况、重要目标防护要求、战时功能定位、战争潜力等因素评价,在人防中发挥重要人员掩蔽、物资储备和运输功能的车站。轨道交通线路主要发挥运输功能;轨道交通车站除了具有运输功能以外,还要承担人员掩蔽、物资储备等。因此,二者的重要性评价体系不完全相同。

## 6.2 重要线路评价

### 6.2.1 重要性因素分析

#### 6.2.1.1 区位

敌空袭的主要目标是首脑机关、供电、供气、供水、交通、通信枢纽、重要军事设施等重要目标,要以疏散重要目标毗邻区的人员、设备、物资为主要任务,轨道交通可以承担部分人口疏散、物资运输任务。轨道交通线路与任务出发地及目的地之间的交通情况关系到轨道交通运输功能发挥程度。同时,部分重要经济目标被空袭后可能发生火灾、爆炸、有毒有害物质泄漏等,需要考虑对次生灾害的影响,确保轨道交通运输的安全性。

### 6.2.1.2 运输用途与方向

**1. 人口疏散**

人口疏散是人防中的重要任务之一。上海轨道交通具有隐蔽性好、网络密集、运输量大的特点,战时可以发挥其运输优势。在上海人防的人口疏散中,早期疏散以个人疏散为主,主要依托个人交通工具抵达疏散地域;与早期疏散方向一致的轨道交通线路可以作为备用疏散路线。

临战疏散除了部分在本行政区组织的疏散,还存在中心城区向郊区疏散的情况,疏散方式以集体疏散为主,以个人疏散为辅。集体疏散主要依靠公路、铁路,轨道交通作为辅助的运送方式,一方面可以承担方向一致的部分跨区人口疏散任务,缓解中心城区地面交通拥堵的问题;另一方面,轨道交通的某些车站可以作为战时疏散的集散点,与疏散安置地域接收安置点换乘接驳的公路交通相配合,以提高运输效率。

考虑到沿途遇敌空袭的可能,不排除在早期疏散或临战疏散的过程中暂停疏散和紧急掩蔽的可能,可在解除警报之后继续转移运输未疏散人员。

**2. 重要经济目标防护**

重要经济目标防护同样是人防的重要任务之一。上海市民生设施、高新产业、能源生产基地、交通枢纽、通信设施、国防科工企业等重要经济目标众多,一旦摧毁,将极大影响城市功能的发挥,因此必须采取重要经济目标防护行动。重要经济目标防护行动中很重要的一项内容是防空专业队的调动,与目标方向一致的轨道交通线路可作为专业队人员调动的备选路线。

**3. 跨区支援行动**

跨区支援行动同样是人防的一项重要任务,其一是建立对口支援关系,有关郊区要对口支援中心城区完成临战疏散等任务,与目标方向一致的轨道交通线路可作为对口支援人员调动的备选路线;其二是建立防空区域内的单元支援关系,支援队伍可将与目标方向一致的轨道交通线路作为人员调动的备选路线。

**4. 生产生活物资运输**

战争是长期的,而城市人民需要在空袭间隙继续生产生活。生产生活物资可视情况利用轨道交通线路进行转移或运输以满足城市正常生产生活需求,同时可利用车站大空间作为物资储备场所。

**5. 人员返城**

在空袭间隙阶段可能会调动部分郊区的"三坚持"人员返城支援;战后阶段,城市居民返城恢复生产生活。以上两种情况可利用人口疏散时期的轨道交通线路。

### 6.2.1.3　运输对象与运输量

不同的轨道交通线路由于战时运输任务不同,可能会运输城市居民、专业队、设备、物资等一种或多种对象。其中,运输人员的线路应当比运输物资的线路重要性更高;不同线路运输的体量不同,也是重要性考量的参考因素。

### 6.2.1.4　战争潜力

战争潜力,即通过动员和开发才可用于战争的潜在力量。通过分析,轨道交通的战争潜力可从以下几个方面进行挖掘:①配置车辆数量。线路本身配置车辆的数量决定了该条轨道交通线路的最大运输能力。②换乘线路情况。单条轨道交通线路与其他线路的换乘情况影响了该线路的战时运输能力与机动性。③线路与其他线路跨线连通情况。上海部分线路之间存在联络线,例如6号线与8号线、7号线与12号线可通过联络线进行列车跨线运行,战时根据战况可通过联络线进行跨线支援运输,以达到资源最优配置。④线路与其他交通工具换乘情况。上海有虹桥站、上海站、上海南站、浦东机场站等多个交通枢纽,可与大巴、高铁、飞机等其他交通工具进行换乘,战时可利用轨道交通与其他交通工具进行配合运输。

## 6.2.2　指标体系

根据重要性因素,对明确为人防服务的线路进行定性评价。评价结果分为重要线路和一般线路,评价指标体系如图6-1所示。

## 6.2.3　重要线路设置案例

**1. 1号线(新闸路站—莘庄站区段)、5号线(莘庄站—奉贤新城站区段)**

将该2条线路设置为重要线路(区段)基于以下考虑。

(1) 该2条线路可作为临战疏散地域的疏散路线之一。

(2) 该2条线路可作为支援队伍前往中心城区执行对口跨区支援任务的出行路线之一。

(3) 临战阶段需要准备和运输人民防空物资,可利用该2条线路进行转移或运输。在空袭间隙,也需要继续发挥轨道交通运输作用来满足城市正常生产生活的需求。

(4) 在战后阶段,可利用该2条线路运输疏散人口返城。

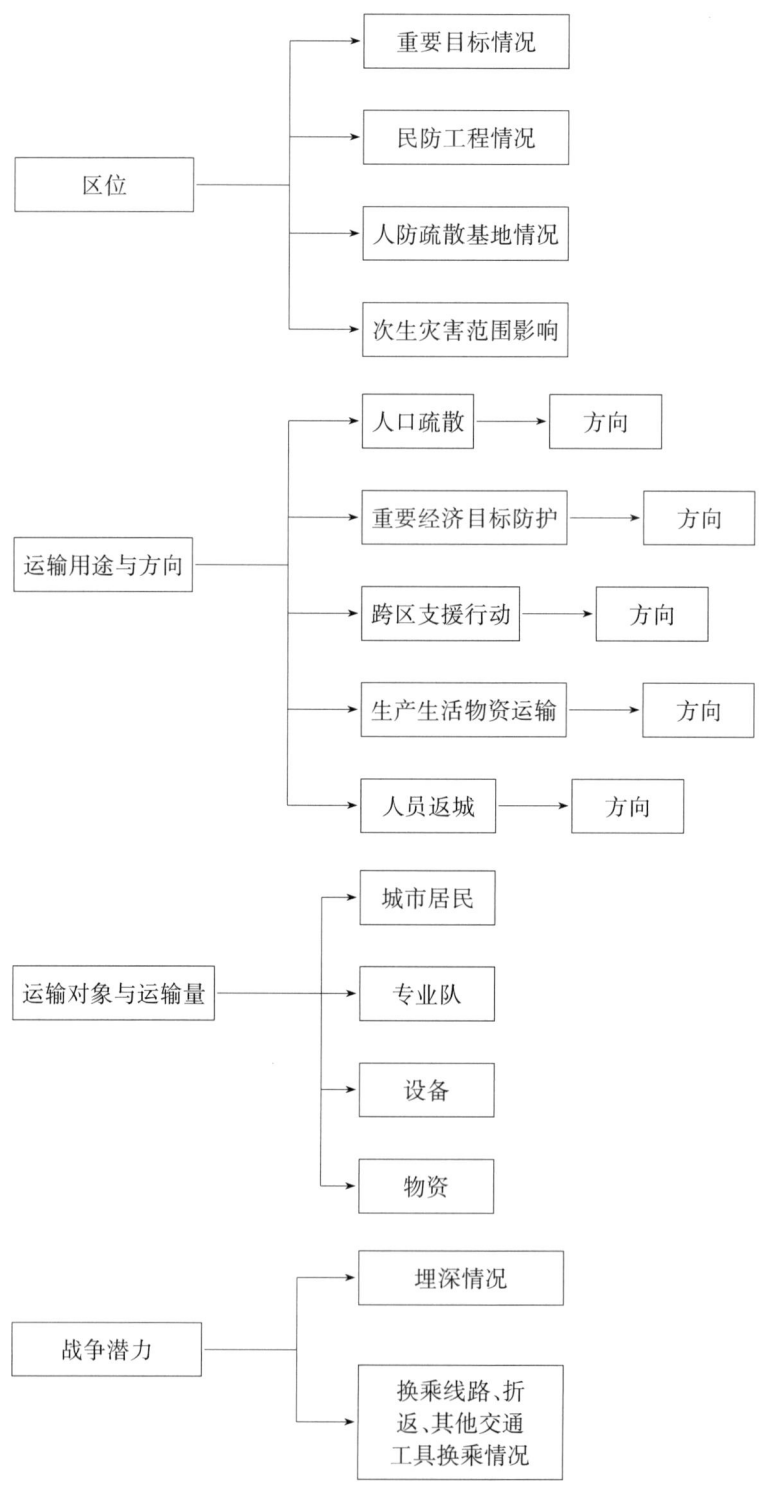

图 6-1 评价指标体系

## 2. 金山铁路(全线)

将金山铁路(全线)设置为重要线路(区段)基于以下考虑。

(1) 金山铁路(全线)可与 1 号线(徐汇区内区段)配合作为临战疏散地域的疏散路线之一。

(2) 该线路可作为支援队伍前往中心城区执行对口跨区支援行动的出行路线之一。

(3) 临战阶段需要准备和运输人民防空物资,可利用该线路进行转移或运输。在空袭间隙也需要继续发挥轨道交通运输作用来满足城市正常生产生活的需求。

(4) 战后阶段,可利用该线路运输疏散人口返城。

## 3. 9 号线(徐家汇站—松江南站)

将 9 号线(徐家汇站—松江南站)设置为重要线路(区段)基于以下考虑。

(1) 9 号线可作为临战疏散地域的疏散路线之一。

(2) 9 号线可作为支援队伍前往中心城区执行对口跨区支援行动的出行路线之一。

(3) 临战阶段需要准备和运输人民防空物资,可利用该线路进行转移或运输。在空袭间隙,也需要继续发挥轨道交通运输作用来满足城市正常生产生活的需求。

(4) 战后阶段,可利用该线路运输疏散人口返城。

## 4. 2 号线(虹桥站—南京东路站)、10 号线(虹桥站—国帆路站)、17 号线(全线)

将该 3 条线路设置为重要线路(区段)基于以下考虑:

(1) 该 3 条线路可互相换乘配合作为早期疏散、临战疏散地域的疏散路线之一。

(2) 该 3 条线路可作为支援队伍前往中心城区执行对口跨区支援行动的出行路线之一。

(3) 临战阶段需要准备和运输人民防空物资,可利用该 3 条线路进行转移或运输。在空袭间隙,也需要继续发挥轨道交通运输作用来满足城市正常生产生活的需求。

(4) 战后阶段,可利用该 3 条线路运输疏散人口返城。

## 5. 14 号线(豫园站—封浜站)

将 14 号线(豫园站—封浜站)设置为重要线路(区段)基于以下考虑。

(1) 该线路可作为临战疏散地域的疏散路线之一。

(2) 临战阶段需要准备和运输人民防空物资,可利用该线路进行转移或运输。在空袭间隙阶段也需要继续发挥轨道交通运输作用来满足转移需求。

(3) 战后阶段,可利用该线路运输疏散人口返城。

## 6. 11 号线(交通大学站—嘉定北站、交通大学站—安亭站)

将该 2 条线路设置为重要线路(区段)基于以下考虑。

(1) 该 2 条线路可作为早期疏散、临战疏散地域的疏散路线之一。

(2) 该 2 条线路可作为支援队伍前往中心城区执行对口跨区支援行动的出行路线之一。

(3) 临战阶段需要准备和运输人民防空物资,可利用该线路进行转移或运输。在空袭间隙阶段也需要继续发挥轨道交通运输作用来满足城市正常生产生活的需求。

(4) 战后阶段,可利用该 2 条线路运输疏散人口返城。

## 6.3 重要车站评价

### 6.3.1 重要性因素分析

将上海轨道交通纳入人防战时服务体系，不同轨道交通车站承担的战时功能以及功能发挥的程度是不同的，这意味着轨道交通车站的重要性也是不同的。重要车站的设置应考虑以下几个层面因素。

**1. 轨道交通车站周边的人口分布**

目前，上海市的掩蔽人口基数采用常住人口数量。因此，轨道交通车站周边的人口分布中，常住人口的数量决定了车站周边一定范围内的掩蔽人口基数。一方面，车站周边一定范围内的掩蔽人口基数与范围内人员掩蔽工程的设计掩蔽人数相对比，可以估算出该车站可能需要进行紧急掩蔽的人口基数。例如，在上海中心城区人员掩蔽面积不足的现状下，轨道交通车站的人员掩蔽功能恰好可以弥补这一缺口。另一方面，根据相关部署，人口疏散方案涉及跨区以及跨省的人口疏散计划，上海市网格化的轨道交通可以很大程度上缓解陆路以及水路的早期与临战疏散压力。因此，轨道交通车站周边的人口分布决定了轨道交通车站发挥人员掩蔽以及运输功能的程度，而这一程度决定了车站的重要性。

**2. 人防设施建设与规划情况**

轨道交通车站周边的人员掩蔽工程、疏散基地等人防设施一方面是为了当地的人口疏散服务；另一方面需要考虑容纳跨区的疏散人口，保证疏散人口尽快到达起始车站，以及终点车站周边的人防设施。因此，轨道交通车站重要性与其到人员掩蔽工程、疏散基地等人防设施的距离相关。

**3. 重要目标防护要求**

根据重要目标防护相关要求，对于重要政治、军事、经济目标毗邻区人员、党政机关人员，需要制订跨区接收安置人员疏散掩蔽计划；对于重要经济目标的关键设备、仪器等需要制订搬迁转移计划。而轨道交通的隐蔽性与便捷性可以在上述计划的交通运输保障中发挥重要作用，但是同时需要考虑部分重要经济目标的次生灾害影响。因此，轨道交通车站的重要性与其到重要目标的距离相关。

**4. 战时功能定位**

根据第 5 章战时功能定位的分析，不同的轨道交通车站战时功能定位是不同的。某些车站在战争全过程中仅作为物资储备场所，如果战时被摧毁，对城市的运转影响较小。某些车站在临战准备阶段需要承担人口疏散、转移、物资运输的作用，在敌实施空袭阶段需要承担人员掩蔽的作用，在战争的空袭间隙需要承担运输作用。如果这些车站战时被摧毁，对城市的运转影响较大。因此，轨道交通车站的战时功能定位也是影响车站重要性的因素。

**5. 战争潜力**

综合考虑车站是否为换乘车站、折返车站、连通车站以及交通枢纽车站等；如果是以上类型车站，一旦战时遭到炸毁，对于轨道交通网络的整体运输能力会产生很大影响，不利于人防或军队的战时运输资源调配。

## 6.3.2 上海轨道交通重要车站定性评价

### 6.3.2.1 指标体系

本书在轨道交通车站重要性分析的基础上，初步拟定评价指标体系，再通过专家问卷调查的方法对评价指标体系进行修正和完善，最终确定上海轨道交通车站重要性评价的指标体系（图 6-2）。

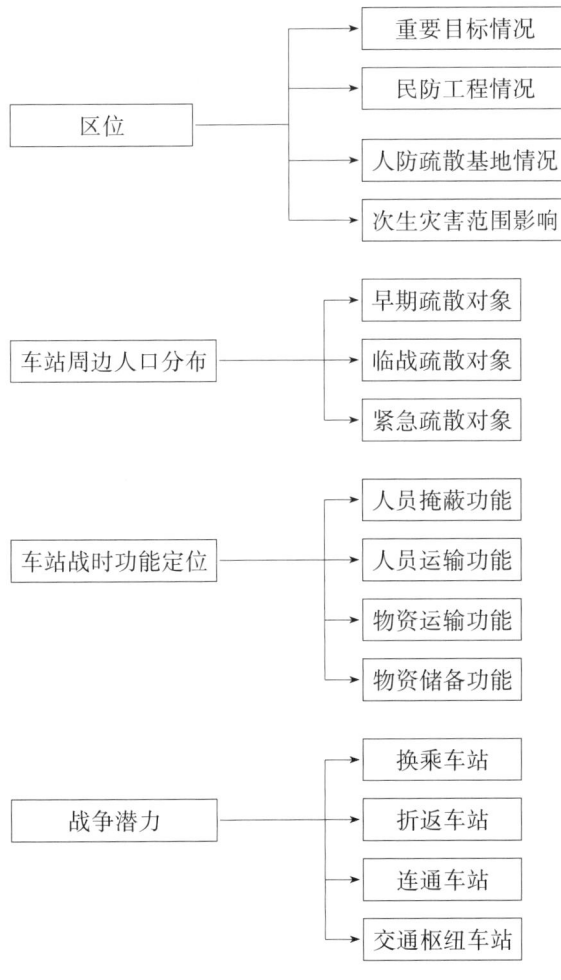

图 6-2 上海轨道交通车站重要性评价的指标体系

#### 6.3.2.2 重要车站设置案例

**1. 人民广场站**

人民广场站处于上海中心城区,人口密度极高,车站可作为紧急掩蔽部来弥补中心城区掩蔽面积的不足;该车站为1、2、8号线换乘站,且1、2号线为重要线路(区段),战时需要疏散运输大量人口。综合以上考虑,将人民广场站设置为重要车站。

**2. 上海虹桥站**

上海虹桥站位于虹桥交通枢纽,战时可与大巴、高铁、飞机等其他交通配合进行人口疏散;同时,其为2、10、17号线、嘉闵线、机场联络线等五轨换乘车站,战争潜力大;该站位于交通枢纽,流动人口密度大。综合以上考虑,将其设置为重要车站。

**3. 浦东机场站**

浦东机场站位于浦东机场交通枢纽,未来规划上海东站与浦东机场对接,战时可与大巴、高铁、飞机等其他交通工具配合进行人口疏散;同时,其为2号线、磁浮线、机场联络线等三轨换乘车站,战争潜力大;该站流动人口密度大。综合以上考虑,将其设置为重要车站。

**4. 上海站**

上海站位于火车站交通枢纽,同时紧靠汽车客运站,战时可与大巴、高铁等其他交通工具配合进行人口疏散;同时为1、3、4号线等三轨换乘车站,战争潜力大;该站位于中心城区,常驻人口密度大,流动人口密度大。综合以上考虑,将其设置为重要车站。

**5. 上海南站**

上海南站位于火车站交通枢纽,同时紧靠汽车客运站,战时可与大巴、高铁等其他交通工具配合进行人口疏散;上海南站的国家铁路与1号线梅陇基地建设有联络线,列车可从国铁转运至梅陇基地,同时为1、3、15号线等三轨换乘车站,战争潜力大;该站常住人口密度大,流动人口密度大。综合以上考虑,将其设置为重要车站。

### 6.3.3 上海轨道交通重要车站定量评价

6.3.1小节中的定性评价方法主要应用于人防相关规划中明确提到的战时用途的车站。对于其他没有明确战时用途的车站,如果依旧基于定性分析方法,则存在较大的主观性。然而目前缺乏针对性的评价指标及量化方法,因此本小节通过评估指标体系,建立合理的轨道交通重要车站评估方法,对轨道交通重要车站的设置进行评价,为轨道交通兼顾设防的发展提供参考。

#### 6.3.3.1 总体评价数学模型

对多源复杂因素影响下的轨道交通重要车站进行评价,必须解决评价要素的不同属性、不同度量标准、不同定性与定量标准等统一化和规范化问题。一般对复杂因素构成的整体问题可进行层次分解和重新构造,建立多目标的综合评价指标体系和模型。根据层次分析法的基本原则,可采用以下的多目标线性加权函数建立总体评价数学模型。

在划分基本评价单元的基础上,构建多因素评价模型,建立各因素之间的关系,计算每个基本评价单元中各因素对轨道交通车站的重要性影响。

本书对上海轨道交通重要车站的评价模型为

$$y = \sum_{i=1}^{n} \sum_{j=1}^{m} s_i w_i d_j \tag{6-1}$$

式中:$s_i$ 为某车站第 $i$ 个分因子的得分;$w_i$ 为该分因子的分权重;$d_j$ 为该分因子对应的上一层的因素权重值;$y$ 为该车站的评价得分。

#### 6.3.3.2 评价指标的量化及权重的确定

**1. 指标的量化**

1)重要政治、军事和经济目标的距离

从全球近期几场局部战争看,敌空袭的主要目标是首脑机关、供电、供气、供水、交通、通信枢纽以及重要军事设施。重要经济目标防护行动中,一是要将重要经济目标的关键设备、物资转入地下或者疏散到附近的安全地点掩蔽;二是要将重要经济目标毗邻区的人口疏散转移,其中关键设备、物资的掩蔽可以利用附近车站的大空间,毗邻区的人口疏散可利用附近的轨道交通进行疏散转移或紧急掩蔽。因此,量化指标采用轨道交通车站与重要政治、军事和经济目标的距离。

2)人防工程距离

人防设施包含人防工程、人防疏散基地等,车站周边的人防设施主要满足周边人口以及跨区疏散人口的掩蔽需求,可以通过卫星地图统计轨道交通周边的人防工程位置与数量(图 6-3)以量化分析。

3)次生灾害影响范围

部分重要经济目标在被空袭后可能发生火灾、爆炸、有毒有害物质泄漏等次生灾害影响,在量化次生灾害影响范围时,应综合考虑易燃易爆物质的种类、数量、储罐的形状以及气象条件等环境因素的影响。ALOHA 软件是用来模拟与化学品泄漏有关的关键灾害(如毒性、易燃性、热辐射和超压)的计算机软件。通过数值模拟确定时间场景下不同事故后果所造成的影响范围和等级,明确事故现场相应区域的划分及区域内风险水平的分布情况。本章引用《空袭导致炼油厂硫化氢泄漏的次生灾害后果评估及防灾对策》,应用 ALOHA 软件模拟硫化氢气体泄漏导致的三类主要次生灾害,即人员中毒、闪火和蒸气云

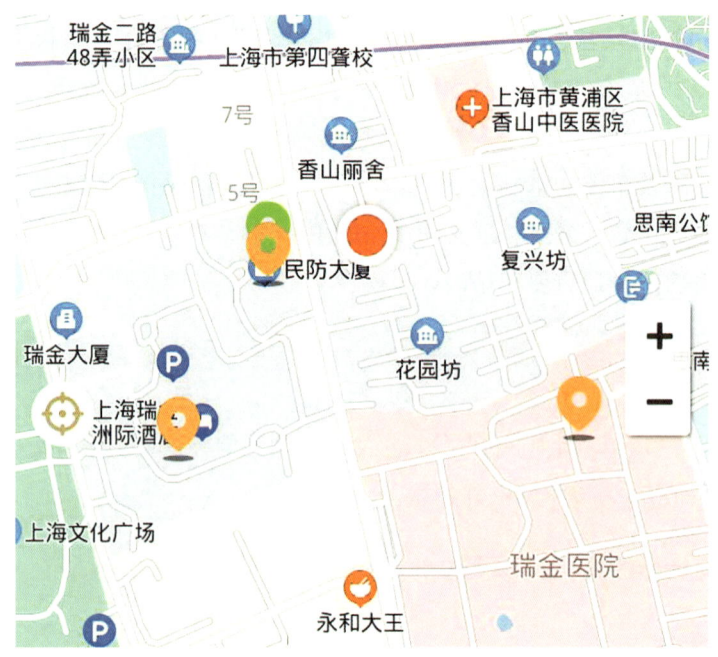

图 6-3　人防工程距离示意
注：图中黄色标记为人防工程位置。

爆炸。通过计算次生灾害的危害范围，将不同区域内危害程度进行量化，见表 6-1。本书采用大气稳定度 C 的危害距离数据作参考。

表 6-1　不同气象条件下硫化氢气体的最大危害距离

| 风速(m/s) | 大气稳定度 | 毒气危害距离(m) | | |
|---|---|---|---|---|
| | | 死亡区 | 重伤区 | 轻伤区 |
| 1 | A | 495 | 605 | 2 100 |
| | C | 854 | 1 000 | 4 000 |
| | F | 2 100 | 2 700 | >10 000 |
| 3 | A | 403 | 534 | 2 100 |
| | C | 813 | 1 000 | 4 000 |
| | F | 2 100 | 2 700 | >10 000 |
| 6 | A | 286 | 390 | 2 100 |
| | C | 675 | 905 | 3 900 |
| | F | 2 100 | 2 700 | >10 000 |

## 4) 轨道交通周边人口密度分布

一般情况下,早期疏散的对象是老弱病残幼等群体和需要迁出的科研机构、院校人员以及外地流动人员;临战疏散的对象是无"三坚持"任务的居民;紧急疏散的对象是完成临战任务的干部、工人和部分民兵。早期疏散和临战疏散的对象主要涉及轨道交通的运输功能,而紧急疏散的对象主要涉及人员掩蔽功能。因此,在量化指标时需要考虑轨道交通车站周边的人口分布中早期、临战以及紧急疏散的人口分布,以人民广场站为例,如图6-4所示。

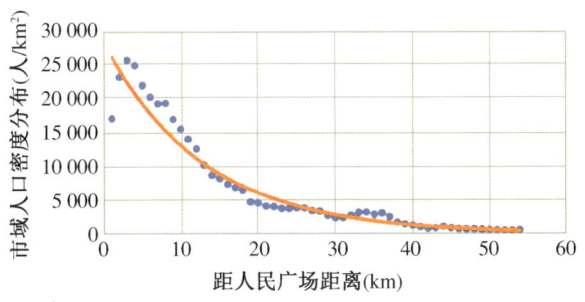

图6-4 人民广场站周边常住人口密度分布

来源:陈恝,潘海啸.上海轨道交通与人口和就业岗位布局的耦合分析[J].城市规划学刊,2020(5):32-38.

## 5) 轨道交通车站战时功能定位

轨道交通的战时功能包含人员、物资运输功能、人员掩蔽功能和物资储备功能等。轨道交通车站战时功能由人防主管部门提出,可能赋予其单一功能,也可能同时赋予多重功能。由于功能定位的不同,轨道交通车站的重要性也是有差异的,可对车站功能定位进行量化打分。

## 6) 战争潜力

**(1) 换乘车站**

在复杂网络理论中,节点的度表示与节点直接相连的边的数量,度是用于衡量节点重要程度的重要指标之一。在城市轨道交通网络中,将车站定义为节点,将线路定义为边。如果一个车站与众多线路相连,则认为这个轨道交通车站的度值较大,度值越大的车站所连接的车站数量就越多,车站在网络中所发挥的运输作用就越大,对相邻车站的影响也越大。因此,车站度值往往能够衡量车站在网络中的重要程度。在复杂网络理论中,车站节点 $i$ 的度值可以表示为

$$k_i = \sum_{j \in N} a_{ij} \tag{6-2}$$

式中:$k_i$ 为节点 $i$ 的度值;$a_{ij}$ 为邻接矩阵 $A$ 中第 $i$ 行第 $j$ 列对应的值。

**(2) 折返线车站**

轨道交通折返线是指在线路两端终点站或中间站,为折返列车设置的改变列车运行

方向的专供线路。

(3) 连通车站

一般来说,共享一个车辆段的几条线路是相互连通的,因为线路之间通常会共享同一个联合检修库(比如川杨河基地、金桥基地)与试车线。另外,在非车辆段的地方也可以通过三角线轨道(如龙华中路站、东方体育中心站)进行连通。联合检修库、试车线、三角线轨道这几种轨道设置共同构成了地铁线路之间的连通,这将大大提高战时网络的整体运输能力。

(4) 交通枢纽车站

重要车站评价指标量化如表 6-2 所示。

表 6-2 重要车站评价指标量化

| 重要目标距离 | 范围 | 0.5 km 以内 | | 0.5～1 km | | 1～2 km | | 2 km 以上 | |
|---|---|---|---|---|---|---|---|---|---|
| | 评分 | 1 | | 0.67 | | 0.33 | | 0 | |
| 人防工程距离 | 范围 | 200 m 以内 | | 200～500 m | | 500～1 000 m | | 1 km 以上 | |
| | 评分 | 1 | | 0.67 | | 0.33 | | 0 | |
| 人防疏散基地距离 | 范围 | 1 km 以内 | | 1～3 km | | 3～5 km | | 5 km 以上 | |
| | 评分 | 1 | | 0.67 | | 0.33 | | 0 | |
| 次生灾害影响 | 范围 | 4 km 以上 | | 1～4 km | | | | 1 km 以内 | |
| | 评分 | 1 | | 0.5 | | | | 0 | |
| 周边人口密度 | 类别 | 高 | | 中 | | | | 低 | |
| | 评分 | 1 | | 0.5 | | | | 0 | |
| 战时功能 | 类别 | 人员掩蔽功能 | | 人员运输功能 | | 物资运输功能 | | 物资储备功能 | |
| | | 有 | 无 | 有 | 无 | 有 | 无 | 有 | 无 |
| | 评分 | 1 | 0 | 1 | 0 | 1 | 0 | 1 | 0 |
| 换乘车站 | 车站度值 | 3 以上 | | 3 | | 2 | | 1 | |
| | 评分 | 1 | | 0.67 | | 0.33 | | 0 | |
| 折返车站 | 是/否 | 是 | | | | 否 | | | |
| | 评分 | 1 | | | | 0 | | | |
| 跨线车站 | 是/否 | 是 | | | | 否 | | | |
| | 评分 | 1 | | | | 0 | | | |
| 交通枢纽车站 | 是/否 | 是 | | | | 否 | | | |
| | 评分 | 1 | | | | 0 | | | |
| 连通车站 | 是/否 | 是 | | | | 否 | | | |
| | 评分 | 1 | | | | 0 | | | |

## 2. 权重的确定

轨道交通车站的重要性评价受人防规划、地理位置、人口分布、轨道交通连通性等因素的影响，根据科学性、系统性、使用性、层次性、简洁性原则，在对各因素作用原理进行分析的基础上，充分考虑轨道交通车站的重要因素影响，认为目标的空间位置、车站周边人口密度分布、车站战时功能、网络特征因素存在显著相关性。根据专家问卷调查的方法对评估指标体系进行修正和完善，确定评价指标体系。由于指标体系具有复杂性和多层次性，用精确的数学模型来求各级指标的权重向量难度较大，因此采用层次分析法（Analytic Hierarchy Process，AHP）来确定各级指标的权重分配。通过判断矩阵的构造、一致性检验及对其特征向量的求解，确定各层次指标之间的重要性关系，最终结果如表 6-3 所示。

表 6-3 指标体系权重

| 一级指标 | 二级指标 |
| --- | --- |
| 区位(0.295) | 重要政治、军事、经济目标距离(0.385) |
|  | 人防工程距离(0.215) |
|  | 人防疏散基地与应急避难场所距离(0.21) |
|  | 次生灾害影响(0.19) |
| 车站周边人口分布(0.225) | 早期疏散对象(0.335) |
|  | 临战疏散对象(0.365) |
|  | 紧急疏散对象(0.3) |
| 车站战时功能(0.26) | 人员掩蔽功能(0.25) |
|  | 人员运输功能(0.315) |
|  | 物资运输功能(0.225) |
|  | 物资储备功能(0.21) |
| 战争潜力(0.22) | 换乘车站(车站度值)(0.255) |
|  | 折返车站(0.155) |
|  | 跨线车站(0.135) |
|  | 交通枢纽车站(0.27) |
|  | 连通车站(0.185) |

## 3. 评价结果的划分

根据评价模型的计算结果对上海轨道交通车站的重要性进行划分，如表 6-4 所示。

表 6-4 轨道交通车站重要性划分

| 评价得分 | 0~0.7 | 0.7~1.0 |
|---|---|---|
| 评价等级 | 一般车站（一般设防站） | 重要车站（重点设防站） |

#### 6.3.3.3 模型应用

以上海市徐汇区作为案例进行模型应用，具体流程如下。

（1）建立评价模型和指标体系，并将指标体系的权重采用德尔菲法（专家打分法）进行修正。

（2）收集模型相关原始资料，并整理成评价模型需要的可用数据。评价所需的各项信息数据，通过城市规划、人防相关专业规划、地理地图等资料的数据进行汇总整理。

（3）录入各个车站的指标数据，并计算各个车站的最终评价结果。

（4）根据最终评价结果筛选重要车站，徐汇区的重要车站为上海南站（0.92）、徐家汇站（0.83）、上海体育馆站（0.81）和桂林公园站（0.74）。

## 6.4 重要车站和线路战争毁伤情况对轨道交通网络结构抗毁性的影响

网络的结构抗毁性是指当网络中的节点和边遭到破坏而丧失能力时，网络维持原有运输效率和满足客运需求的能力。城市轨道交通网络的结构抗毁性分析中，战争毁伤是指直接从网络中将车站和对应的边移除，而区间能力完全失效则是将网络的边移除。随机攻击对轨道交通网络的影响较小，而蓄意攻击往往具有很强的破坏力，可以使网络受到最大程度的破坏。因此，研究轨道交通网络和车站在蓄意攻击下的脆弱性，有助于识别网络中的脆弱节点和环节，并有针对性地加强防护以预防整体网络的瘫痪。蓄意攻击是指按一定的策略对网络中的车站进行攻击，如按照车站节点度、强度或介数从大到小的顺序进行攻击。一个节点受到攻击而失效，意味着与它相连的所有边也失效。受到随机攻击或蓄意攻击后，车站能力和区间能力完全失效后的网络效率和网络满足运输需求的能力反映了城市轨道交通网络的结构抗毁性。

### 6.4.1 轨道交通网络结构抗毁性评估指标

目前有很多指标可以用来评估网络结构抗毁性，包括最大连通子图相对大小、网络效率和网络面积等。最大连通子图可以反映网络的整体性遭受破坏的程度，网络效率可以反映网络的连通效率。在拓扑网络中，最大连通子图的相对大小 $LCC$ 定义为

$$LCC = N/N_0 \tag{6-3}$$

式中：$N$ 为网络遭到攻击后的最大连通子图的节点数；$N_0$ 为未遭到攻击时网络的总节点数目。

为了评估加权复杂网络的脆弱性，综合考虑网络的边权与节点的情况，将拓扑网络中最大连通子图相对大小的概念拓展到加权网络，表示为

$$LCC^{\mathrm{w}} = S/S_0 \tag{6-4}$$

式中：$S$ 为网络遭到攻击后最大连通子图的节点间的边权之和；$S_0$ 为未受到攻击时网络中所有节点间的边权之和。

特征路径长度描述了网络中节点的分离程度，是衡量网络有效性的重要参数。然而，当网络受到攻击使得某些节点间的路径失效时，这些节点对之间的距离为无穷大，这时特征路径长度无法计算。为了克服这个问题，引入网络效率 $E$ 来衡量网络的有效性。

$$E = \frac{1}{N(N-1)} \sum_{i,j \in G(i \neq j)} \frac{1}{d_{ij}} \tag{6-5}$$

式中：$d_{ij}$ 为节点对间的最短距离。该参数用以衡量网络通行能力，对于研究网络的结构抗毁性和鲁棒性具有非常重要的意义。本书中网络效率的计算考虑网络的物理距离，更能贴切描述网络的性能变化。

上海交通大学邢莹莹博士对 2014 年的上海轨道交通进行了网络结构抗毁性分析，结果如图 6-5 所示。

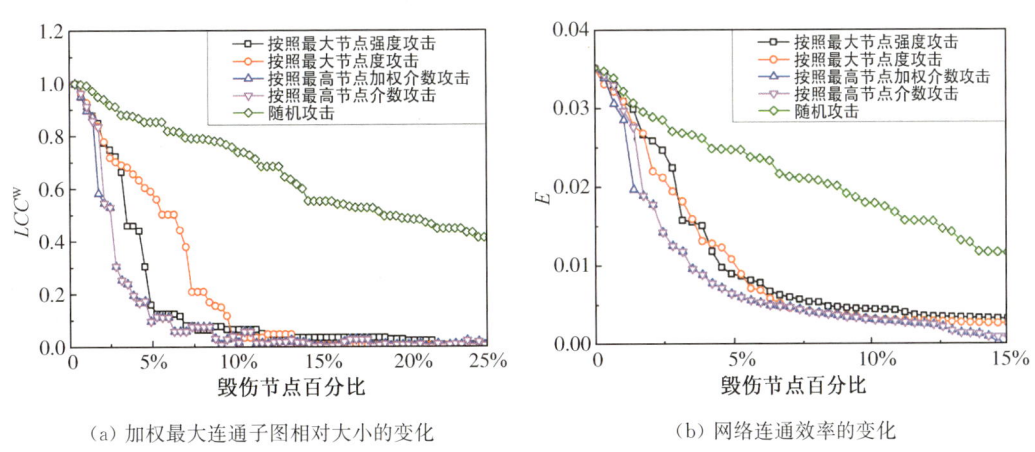

(a) 加权最大连通子图相对大小的变化　　(b) 网络连通效率的变化

图 6-5　蓄意攻击和随机攻击下网络结构抗毁性分析

从图 6-5 中可以看出，面对随机攻击时，上海轨道交通网络完整程度和连通性的下降速度较为平缓；而面对蓄意攻击时，上海轨道交通网络完整程度和连通性受到的影响较大，在受攻击的节点不足 20% 时，网络的完整程度和效率已趋近于零，上海轨道交通网络基本丧失了运输客流的功能。

本章应根据 6.2 节和 6.3 节选定的重要线路与车站，经蓄意攻击后进行轨道交通网

络的结构抗毁性研究,以此分析本章的重要线路与车站对上海轨道交通网络完整程度和连通性的影响程度。然而,轨道交通网络的结构抗毁性研究本身是非常宏大的课题,由于篇幅与时间的限制,此部分内容将在后续的研究中进一步深化探讨。

### 6.4.2 上海轨道交通网络结构抗毁性提升措施

#### 6.4.2.1 轨道交通线路构造

上海轨道交通配线如图6-6所示。

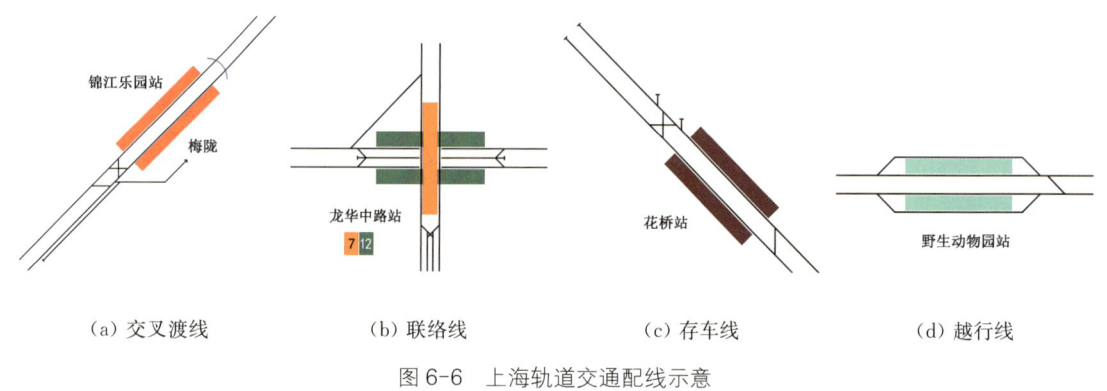

(a) 交叉渡线　　　(b) 联络线　　　(c) 存车线　　　(d) 越行线

图6-6　上海轨道交通配线示意

(1) 单渡线、交叉渡线

轨道交通渡线是使机车车辆由一条线路既可进入又可越过另一条线路的轨道设施,具体分为单渡线、交叉渡线等形式。其一般应用于轨道交通的列车折返场景,例如上海轨道交通1号线锦江乐园站设置了交叉渡线,战时可通过此设施提升轨道交通网络的抗毁能力。

(2) 联络线

轨道交通联络线是指地铁线之间的联络调度线,可满足线路之间的互联互通及车辆检修需要。例如上海龙华中路站7号线与12号线之间设置了联络线,战时可通过此联络线调度车辆;锦江乐园站附近设置了联络线通往梅陇车辆基地,车辆基地与国铁之间也同样设置了联络线,实现了国铁与地铁的互通。以上设置都能提高轨道交通网络的抗毁能力,达到资源的最优配置。

(3) 存车线

轨道交通存车线是临时存放车辆的线路,可用于轨道交通多点发车、车辆折返、车辆检修等应用场景,例如上海轨道交通11号线花桥站就设置了2条存车线,战时可通过此设施提升轨道交通网络的抗毁能力。

(4) 越行线

轨道交通线路增设越行线是快慢分离的一种表现,可以让远端乘客缩短通勤时间,近端乘客覆盖不受影响，是一种比较合理的运营组织形式。上海轨道交通 16 号线首通段开通，是第一条带正线越行的线路。正线越行的越行车站中，在快车不停靠的车站，慢车停靠在侧线待避，等快车通过后再继续开行。战时可通过此设施提升轨道交通网络的抗毁能力。

#### 6.4.2.2 轨道交通网络布局

（1）设置换乘站

东京轨道交通的布局为上海轨道交通提供了很好的经验。东京轨道交通有 13 条线路和 215 座车站，其中 58 座车站是换乘车站，比例达 26.98%。其所有线路尽可能地相交以设置换乘站，换乘站在整个网络中均匀分布，每条线路上的客流大致相等。这些换乘站使轨道交通在遭受袭击时为乘客提供足够多的替代路线。此外，分布良好的换乘站和线路确保了局部的中断不会严重损害轨道交通系统的整体结构。因此，通过使网络结构和客流更加均匀，可以提高网络的结构抗毁性。

（2）设置环线或半环线

邢莹莹博士对上海轨道交通的结构抗毁性进行分析得出，在排名前 10 位的重要车站中，有一半以上位于环线上或附近，说明环线在上海轨道交通中起着重要作用。它是连接城市和农村地区的纽带，并提供多种替代路线。环线是创建新的换乘站的最有效方式，将进一步提高网络的连通性和结构抗毁性。因此，交通规划者和管理者可以考虑修建另一条环线或半环线，以连接周边地区，减轻关键车站的客流压力。

#### 6.4.2.3 轨道交通兼顾设防

（1）增加埋深

一般来说，深度在 20 m 左右的轨道交通车站基本已经可以满足兼顾设防的要求，能够应对大多数现代高能弹药在地表的爆炸。而如果是埋深深度较大，超过 60 m 的轨道交通，不仅具备对抗常规炸弹和导弹的能力，还能在相当程度上应对专用的钻地弹头以及核武器的爆炸、冲击波、光辐射和核辐射，抑或是近似核武器爆炸水平的来袭能量。比如，深度达 97 m 的莫斯科轨道交通车站就是典型案例，苏军在莫斯科保卫战中把轨道交通车站用作地下掩体、医院、物资储备所和指挥所；1976 年的唐山大地震期间，与唐山相隔不远的天津市同样受损严重，不少地上建筑物都出现了不同程度的损毁，但天津轨道交通 1 号线却完好无损，抵抗了来袭的地震波。

（2）提高设防等级

对于某些不具备深埋深的重要车站，可通过设计或加固改造来适当提高兼顾设防等级，增强车站的抗打击能力以确保战时功能的发挥。

# 第7章　上海轨道交通既有条件下战时运行模式理论推演

## 7.1 战前阶段

早期疏散和临战疏散通常采取集中疏散和自行疏散相结合的方式，在临战疏散阶段以集中疏散为主。与其他交通方式相比，轨道交通在中心城区内速度快，可减少中心城区的交通拥堵，提高疏散效率。多数轨道交通线路及车站为地下工程，与地面交通方式相比，隐蔽性和安全性更高。

例如，在乌克兰危机初期，基辅市大量出城的小汽车几乎使地面交通瘫痪（图 7-1），疏散效率极低。这也证明疏散阶段更应该依靠大运量的轨道交通。

图 7-1　基辅市出城方向地面交通示例

### 7.1.1 战前阶段运行模式

在早期疏散时，须确保轨道交通的运输能力。其一方面用于群众的定向定点疏散，另一方面须保证城市的正常生产（战备物资等）、经济活动等。因此，轨道交通线网须全线正常运行。跨省疏散路线需要轨道交通换乘至各火车站、长途汽车站，因此，对于能够直接抵达火车站、长途汽车站等的轨道交通线路，尤其要保证其最大运能。

临战疏散已成为信息化条件下城市人民防空疏散的重点,大量的疏散任务都将在临战疏散完成。临战疏散时,重要线路须保持运行,且其运能须与疏散人口和疏散时间相适应。其他不涉及临战疏散人口的线路,其运能可适当降低或不运行。

## 7.1.2 平战转换(早期转换)

轨道交通工程作为兼顾设防工程,与一般人防工程相比,具有运输需求。在轨道交通工程平战转换(早期转换)时可开展不影响列车运行的、相关的平战转换工作,以尽可能保障轨道交通全网正常运行。

**1. 孔口封堵材料的准备、运输和就位**

上海早期线路战时不用的口部(出入口、风口、消防出入口等)多采用型钢封堵的形式;后期线路才开始采用一道防护密闭门临战封堵的形式。

早期线路已开通运营的有 1~13 号线、16、17 号线,整个线网已基本建成。也就是说,战时不用的口部采用型钢封堵的形式在线网中占大多数。

按每个车站设置 4 个出入口来计算,战时不用的口部数量约有 9 个:2 个专供平时使用的人员出入口、4 个活塞风口、1 个专供平时使用的新风口、1 个专供平时使用的排风口及 1 个消防出入口,数量庞大。而且,各个口部的宽度、高度均不相同,型钢封堵材料并不能标准化、兼容化,而是需要与各自的孔口一一对应。因此,临战封堵工程量巨大,且具有一定的复杂性。

目前,型钢封堵材料都存储在厂家。在战前阶段,全网运行的同时,需将车站各孔口的型钢封堵材料运输至各车站对应的出入口、风井口,以备临战时快速实施封堵;同时,应快速组织封堵工程人员队伍并培训。

**2. 砌筑干厕和饮水间**

在地下设防车站内,砌筑战时男女干厕、战时饮水间。干厕及饮水间的砌筑不应影响站内客流的通行。

站台层公共区两侧设战时饮水间各 1 个(图 7-2),每个饮水间内根据车站掩蔽人数临战放置相应数量的桶装饮用水,堆叠 2 层放置;每个饮水间外放置相应数量的饮水机。

站厅层布置男女干厕(图 7-3),干厕内设置便桶。

**3. 拆除工程**

拆除影响战时功能的设施设备,清理影响工程防护能力的管线,对没有进行管孔封堵的孔洞进行封堵。需拆除如下的设备及管线等。

(1) 穿越车站临战封堵、人防门洞处的冷冻水管、冷却水管和膨胀水管,应设短管,以便临战拆除,拆除后的两端管口闷头封堵。

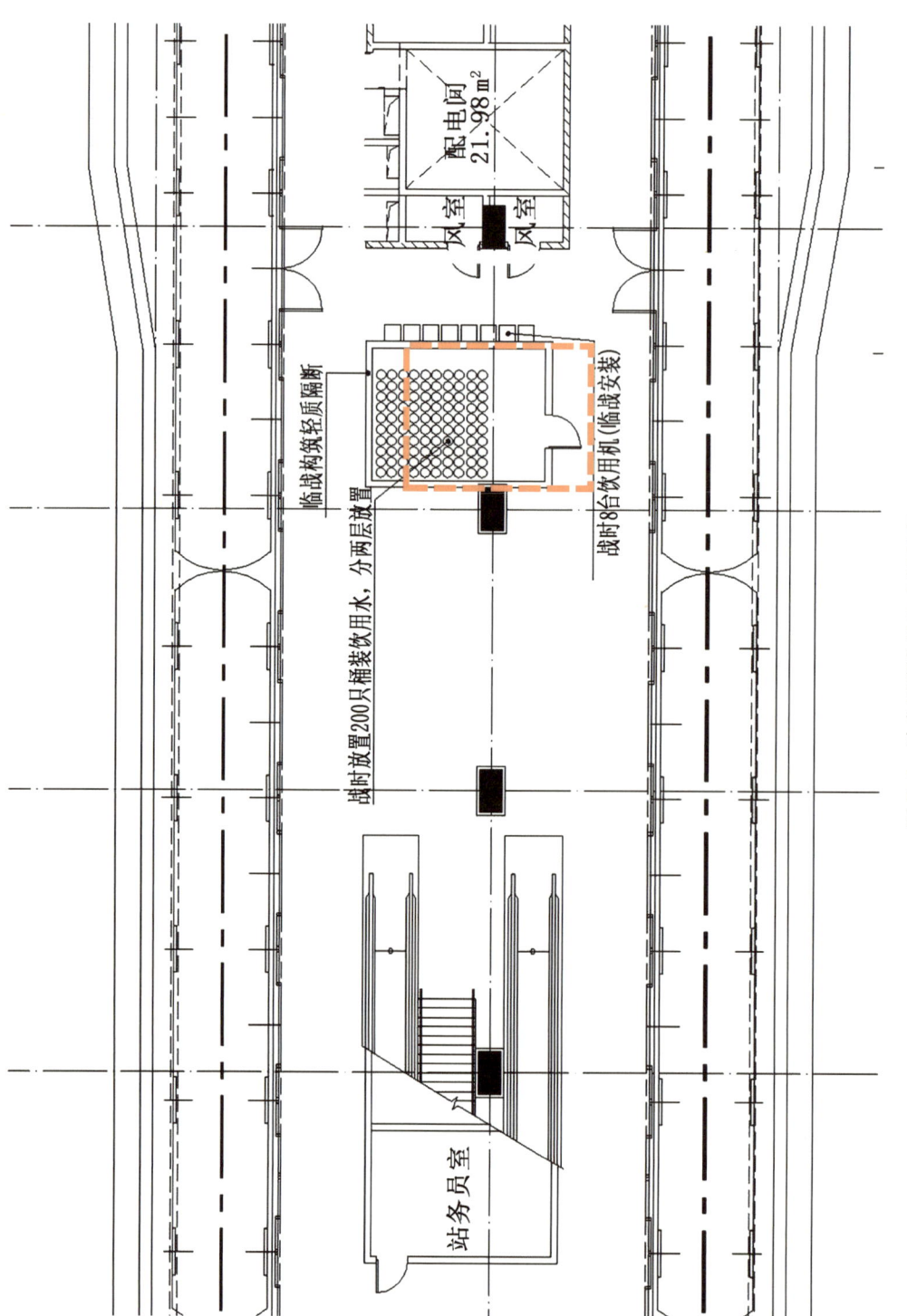

图 7-2 站台层砌筑的饮水间示意

# 第 7 章　上海轨道交通既有条件下战时运行模式理论推演

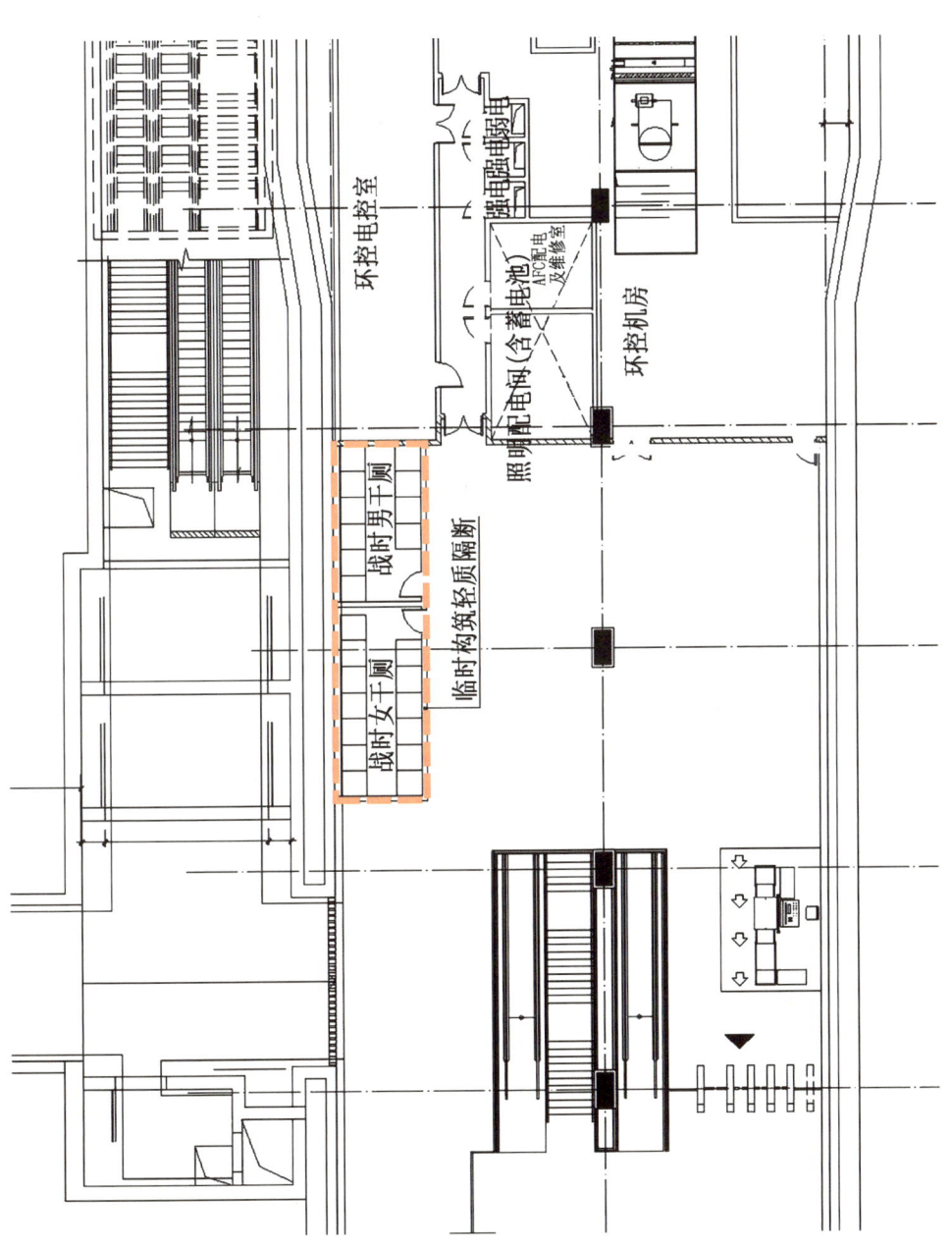

图 7-3　站厅层砌筑的男女干厕示意

(2) 拆除冷媒管,冷媒管穿防护密闭墙处预埋的刚性防水套管两端采用法兰盲板封堵。

　　以上网线拆除后,车站的空调系统将停用。

　　(3) 战时人员出入口防护段,影响人防门开启的装修需拆除,如伪装门、吊顶等。人员出入口通道中防护段的藏门空间,应采用可重复拆装的轻质装饰板作为墙体,以便平时防护门扇的维护保养和战时门扇的启闭。

　　伪装门、吊顶等拆除后,应对出入口的人防门进行检修与调试,确保战时可以顺利启闭。并将现场打扫干净,及时清运现场垃圾。

**4. 风水电系统的早期准备**

　　准备风水电系统相关的技术资料。

　　完成相关物资、器材的筹措和构件加工,如风管及支架的制作,战时水箱、手摇泵等设备的采购和制作。

　　清点平时风机、水泵、照明和弱电设备等;清点检查战时专用设备(如清洁式通风控制柜等),清点检查平战兼用设备(如水泵、照明和弱电设备等);确认是否有条件引入战时区域电源(由战时规划确定)。

**5. 新建备用的通信系统**

　　通信系统的设计未考虑设防,其控制中心等均位于地上。考虑在战时极端情况下,地面上的控制中心和地面区段突然全部失效,则只能实现地下区段基本的站间电话和单个无线基站内的无线集群通信,即仅支持列车电话闭塞法运行,且需要有临时调度员启用。这将影响列车运行对数和运输能力。

　　为了支持战时运行状态,可以提前在设防区域补充建设重要的中心级通信系统设备,待明确需转换状态时,将中心级设备进行转换,从而支持调度工作。

　　1) 地面控制中心失效后,采用列车电话闭塞法的运行能力分析

　　在电话闭塞法运行状态下,列车依靠人工调度运行,调度效率大幅下降,运行能力与管理和人工调度能力有关。

　　电话闭塞法指由两站车站值班员利用站间闭塞电话,以电话记录的方式办理闭塞的方法。一般两站间单侧线路的一个闭塞区间放入一台列车。

　　在联锁级降级模式下,列车运行以某条进路进行空间分割,一条进路内只允许一台列车运行,列车进入某一条进路的条件是该进路始端信号机的开放信号。单区间内具体看信号设备的配置、联锁进路的排列、能排几条进路、可以放几辆车等。

　　2) 备用通信系统的建设规模分析

　　若为维持战时状态列车运行而建设战时中心级系统,建议去除非必要子系统,仅根据使用需求保留以下必要功能。

　　(1) 传输:考虑战时传输系统正常运行,建议建设阶段直接将中心节点(环网切点)设

在设防区域内的车站。

（2）电话：极端情况下线路内电话通信可使用备用调度电话，该系统线路内光纤单独组网，可保证车站间通话。

（3）公安、消防无线系统：中心级非地铁建设，车站仅可保证站内及区间内公安、消防无线通信。

（4）专用无线系统：为保证线路专用无线通信，须在设防区内设置备用线路集群调度系统。鉴于战时的特殊情况，不考虑线网无线通信能力。

（5）技术防范系统：中心级仅影响视频调取，不影响车站内视频记录和调用。

（6）PIS、PA 系统：中心级破坏不影响车站级使用。

（7）其他系统：战时非必要系统。

综上，防区内仅需考虑增设专用无线线路级设备。建议可设置在原连接至中心级通信设备系统的车站。

### 7.1.3 平战转换（临战转换）

当轨道交通的平战转换工作进入临战转换阶段时，以列车是否需要运行为节点，分为"列车运行时"和"列车停运后"两个阶段。

#### 7.1.3.1 列车运行时

列车还需运行时，可先行开展以下临战转换措施。

**1. 对不影响列车运行的孔口进行封堵**

不影响列车运行也不影响乘客进出站的孔口包括战时不用的出入口、战时不用的进风口和排风口以及其他出地面的孔口（消防出入口等）。

对战时不用的出入口实施封堵后，车站还留有 2 个战时出入口，可供疏散的人群进出站。

对战时不用的进风口和排风口实施封堵后，车站还留有 1 个战时进风口和 1 个战时排风口，可供乘客进出站及候车时的基本通风换气。

需特别注意的是，车站的活塞风井应暂缓封堵，待临战疏散任务完成后再进行封堵。

封堵措施参考第 4 章相关内容。

**2. 通风系统的转换**

车站通风系统由平时工况转入战时工况。

战时新风机、排风机、阀门、所连接管路以及站厅站台进排风管之间的连接短管临战安装到位、完成调试，并对口部密闭性能进行测试。

参照人防暖通平面图、原理图中相关操作，临战关闭相关风管阀门。其余暖通公共区大系统风管上的阀门均保持开启状态。

车站膨胀水管、冷水机组泄压管需引到风井处的防护密闭墙并穿过,墙上预埋防护密闭套管,人防内侧平时预留短管,战时拆除,改装阀门。

对战时进风机和排风机,现场设就地控制箱控制,线缆和控制箱战时到位。战时风机电源和清洁式通风设备电源引自设在车站两端的环控电控柜内专用回路,经车站动照桥架敷设。

需战时安装的通风设备(含其配套的供电设备)以1个车站为例,设备名称及数量可参见表7-1、表7-2。

表7-1 人防通风主要材料设备

| 序号 | 设备名称 | 单位 | 数量 | 备注 |
|---|---|---|---|---|
| 1 | 混流风机(带减振器) | 台 | 1 | 临战安装 |
| 2 | 防烟防火调节阀 | 只 | 2 | |
| 3 | 闸阀 | 只 | 1 | |
| 4 | 风管钢板 | m | 50 | |

表7-2 通风设备配套的供电设备

| 序号 | 设备名称 | 型号 | 单位 | 数量 | 备注 |
|---|---|---|---|---|---|
| 1 | 战时风机控制箱 | 设备自带 | 套 | 2 | 战时到位 |
| 2 | 电力电缆 | WDZB-YJY23-5x6 | m | 300 | 战时到位 |
| 3 | 电力电缆 | WDZB-YJY23-4x4 | m | 300 | 战时到位 |
| 4 | 钢管 | SC40 | m | 300 | 战时到位 |
| 5 | 钢管 | SC25 | m | 300 | 战时到位 |
| 6 | 清洁式通风控制柜 | 设备自带 | 套 | 2 | 平时到位 |
| 7 | 电力电缆 | WDZB-YJY23-5x6 | m | 200 | 平时到位 |
| 8 | 钢管 | SC40 | m | 200 | 平时到位 |

**3. 给排水系统的转换**

给排水包含战时水箱安装、相关手摇泵及出水管等安装,给水管一律采用镀锌钢管、薄壁不锈钢管或内筋嵌入式钢塑复合管丝扣、卡环或法兰连接。

标识给排水专业阀门启闭,战时水箱、水泵安装完毕并清洗消毒。

需战时安装的给排水设备以1个车站为例,设备名称及数量等可参见表7-3。

表 7-3　给排水主要设备材料

| 序号 | 名称 | 单位 | 数量 | 备注 |
|---|---|---|---|---|
| 1 | 战时洗消水箱 | 只 | 1 | 战时安装 |
| 2 | 防爆地漏 | 只 | 6 | 平时到位 |
| 3 | 桶装水 | 桶 | 400 | 战时到位 |

**4. 供电系统的转换**

在有条件时,引入战时区域电源。室外覆土采用铠装电缆直敷,进入人防工程界面处利用口部预埋备用管敷设,工程内利用车站桥架敷设;接入车站变电所每段低压母线上的预留进线回路;使用时,应确保区域电源进线开关与电力系统电源开关间有防止误并列的可靠措施。

照明灯具加设防掉落措施。战时使用的照明灯具,根据安装方式分别采取防掉落措施,如吸顶式灯具需加设防掉落保护网,线槽灯需采取防掉落绑扎等。

**5. 孔隙的密闭**

设置在防护密闭门、密闭门、防护密闭隔断门等门框墙、临空墙、防护密闭隔墙和密闭墙上的各种预埋穿墙密闭套管,15 d 内完成密闭措施。

道床排水沟及轨道过正线区间防护密闭隔断门、防淹防护密闭隔断门及出入段线防护密闭门、密闭门门框墙处,应在道床结构层相应孔口、孔隙采取有效的防护密闭措施。

### 7.1.3.2　列车停运后

列车停运后,开始以下临战转换措施。

**1. 对活塞风口进行封堵**

列车停运后,关闭隧道通风系统,包括隧道通风风机的电源和其他配套控制系统的电源。快速对活塞风口进行封堵。

封堵措施参考第 4 章相关内容。

**2. 通风系统的转换**

从人防门洞中通过的通风空调系统的风管,同时在防护段两端设置短管及阀门,临战转换时拆除短管,关闭阀门。

对已完成安装的通风系统设施设备进行综合调试,达到战时使用要求。

**3. 供电系统的转换**

关闭与战时无关的通风、排水和弱电等系统,以确保战时一、二级负荷的连续供电。与战时无关的线缆全部接地。

切除部分公共区和区间正常照明;切除绝大部分设备区正常照明,仅保留个别战时利用的设备间(如车控室、配电间、环控电控室、废水泵房等)的战时正常照明;切除部分应急照明。区间及非掩蔽区在需要时保持照明。

切断列车供电触网的电源。

人防电气设备完成检修、调试和维护,达到战时使用要求。

**4. 给排水系统的转换**

关闭通往工程内部的给排水管防护阀门。地铁平时用水由市政管网提供,战时不考虑消防用水,围护结构内侧设置的防护阀门应在战前关闭。

各口部密闭通道内的防爆地漏战时关闭,战后需冲洗时打开。

战时水箱充满,战时给水系统调试完毕且须达到战时使用要求。

### 7.1.4 平战转换(紧急转换)

轨道交通工程的平战转换(紧急转换)依令开展,需在 3 d 内完成。

**1. 列车的保护**

按现行有关设计标准和规范,车辆基地无人防要求,被轰炸袭击的可能性较大。为了保护列车,以及满足战争缓和期的运行需求,应将技术状态良好的轨道交通列车迅速驶入地下区间,并停放于存车线或正线。为尽可能多地保存列车,必要时可进行全线正线停车,待警报解除后可释放部分列车返回地面。

以上海轨道交通 10 号线为例,按正常状态的运营需求计算,高峰小时最小行车间隔 3 min,运用车数 37 列,共配属车 41 列,见图 7-4。在战争期间,空袭预警后,需将列车迅速驶入地下区间并停放于存车线或正线。当车站停车线均考虑停放,终点站考虑折返功能需空置一股道时,全线仅可停放列车 12 列,见图 7-5。

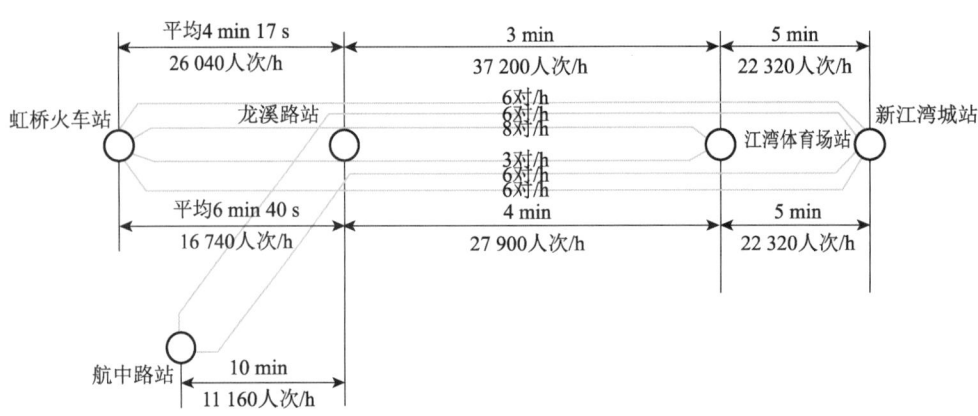

图 7-4　10 号线运营列车需求计算示意

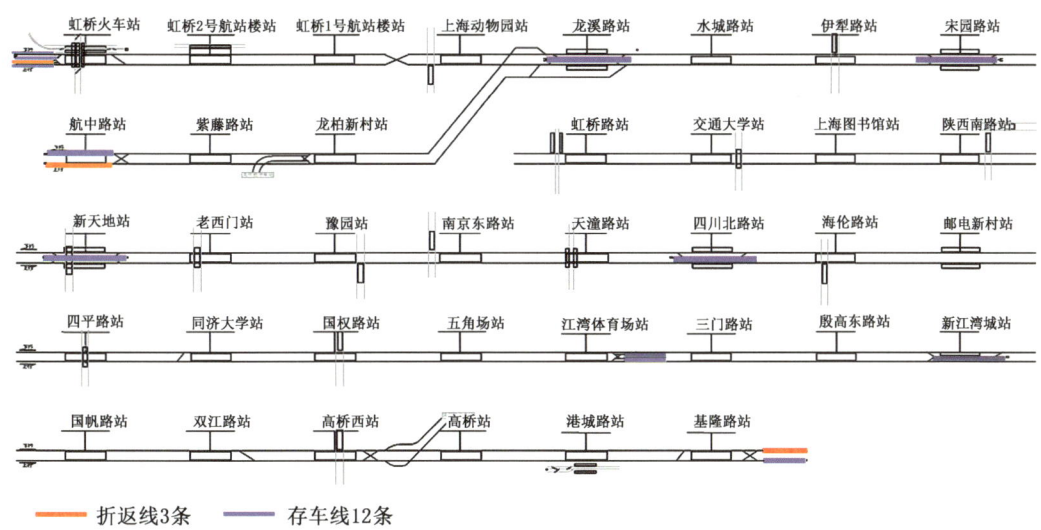

图 7-5　10 号线战时车站内可停放列车数量示意

## 2. 对出入段线防护段人防门进行关闭及孔口封堵

在列车停进地下区间后,可对出入段线防护段人防门关闭及进行孔口封堵。

## 3. 区间防护密闭门关闭

各区间防护密闭隔断门按上级命令及时、准确地关闭。

目前,上海轨道交通兼顾设防车站安装在区间的防护密闭隔断门,早期线路为在区间防护密闭门扇的上方同时加装封堵板构件的形式。后期线路直接采用一道防护密闭门扇进行封堵的形式,相比早期线路,减少了安装门扇上部封堵板及临战拆除接触网的转换工程量。

两种类型区间防护密闭隔断门的关闭程序分别如下。

### 1) 总参四所隔断门

该隔断门适用于刚性接触网不断开的地铁区间隔断防护,若遇战时需关门的情况,应按以下步骤进行操作:

① 事先通知供电相关部门对触网进行断电,并在正式关门前再次确认以确保无触电风险;

② 检查上下门体关门区域内是否有异物阻碍,若有则应尽快清除;

③ 将活门槛搬至门扇底部,对齐安装孔后将螺栓拧紧;

④ 解除大门安全装置的加固措施,提起千斤顶,使门扇处于活动状态后缓缓推动将其关闭,靠紧门框后根据手轮转动方向盘动手轮将其锁紧;

⑤ 爬上大门爬梯,解除上小门安全装置的加固措施,关闭小门,靠紧大门后根据手轮转动方向盘动手轮将其锁紧;

⑥ 根据总图汇流排密封装置的编号顺序，依序转动换向器，推动密封盒直至顶紧汇流排外包橡胶块（该橡胶块应预先安装）；

⑦ 人员爬下爬梯后，通过下小门进入工程内部，确认大小门都关闭严实后撤离。

以上为基本的关门步骤，开门时按照上述步骤逆序操作。

**2）地下院隔断门**

该隔断门仅对上部接触线进行封堵，若遇战时需关门的情况，应按以下步骤进行操作：

① 事先通知供电相关部门对触网进行断电，并在正式关门前再次确认以确保无触电风险；

② 检查门体关门区域内是否有异物阻碍，若有则应尽快清除，拆除封堵板前后1.5～2 m范围的汇流排及其连接附件；

③ 将活门槛搬至门扇底部，对齐安装孔后将螺栓拧紧；

④ 上封板分上下两部分，安装时需分批安装，先将上半部分吊装到位，将底部缺口对准触网线后用螺栓紧固，再以同样的方法安装下半部分，确保触网线正好排布在缺口内；

⑤ 解除大门安全装置的加固措施，提起千斤顶，使门扇处于活动状态后缓缓推动将其关闭，靠紧门框后根据手轮转动方向盘动手轮将其锁紧。

以上为基本的关门步骤，开门时按照上述步骤逆序操作。

## 7.2 战时阶段

### 7.2.1 敌实施空袭时

空袭发生时，全网停运。

此时，车站各项平战转换措施均已完成，且已通过验收：区间防护密闭门、地下区间出入段线防护段人防门已关闭；地下设防车站除了2个战时人员出入口之外，其余的人员出入口均已完成封堵；战时的通风系统已完成设备管线等的安装和转换；供电系统已关停各项战时不用的电路，包括接触网已断电；干厕和饮水间已建设完成。车站已转换为紧急人员掩蔽部。

在防空警报响起之后，快速组织留城人员、"三坚持"人员等，实施就地就近疏散掩蔽。待大部分人员已疏散至地下车站内进行掩蔽之后，车站的2个战时人员出入口的防护密闭门、密闭门按上级命令及时、准确地关闭。

位于地下区间的中间风井，以及地下主变的人员出入口，也应按上级命令及时、准确地关闭防护密闭门和密闭门。

## 7.2.2 空袭间隙

紧急疏散掩蔽人员在空袭过后，根据解除警报信号，利用空袭间隙返回原工作、生活区域；为了维持战时生产能力和保证防空袭能力，上海市人民防空指挥部视情临时有组织地召集部分临战疏散人员紧急返城遂行"三坚持"任务。

当战争处于缓和期时，可根据城市需求启用部分或全部轨道交通运输功能。在上海人防工程平战转换工作组织机构的统一指挥和具体技术监督、指导下，根据轨道交通战时运营模式的具体方案要求，开展各相关系统的转换及施工安装等工作。在验收合格后，转入战时轨道交通运行预定模式的使用状态，在战争空袭间隙，有限发挥轨道交通的战时运输功能。

### 7.2.2.1 平战功能切换

轨道交通各主要相关系统在空袭间隙有如下切换措施。

**1. 人防系统**

空袭间隙尚处于战争状态，人防防护系统的重点是对防护单元之间的区间隔断门启闭状态进行切换操作，以确保轨道交通列车在轨行区域的战时运输功能。一旦再次进入空袭状态，应及时关闭防护单元之间的区间隔断门，确保各防护单元防护功能的完整性。

负责平战切换的实施单位应建立健全安全管理体系，对人防门切换提前进行策划、实施和监控。配备必要的设施设备、施工管理人员，确保所需的人力物力，并应编制安全专项切换施工方案。人防门切换的具体施工组织方案内容应包括前期部署及准备、实施进度计划及转换时限的保证措施、组织管理、质量及安全保证措施、应急预案及其他相关专项施工方案等。应建立健全安全责任及操作规程，确保平战切换的安全有效实施。配备的安装设施设备工具均须符合国家有关质量安全技术标准，并做好维护保养工作，应当建立严格的管理制度。

区间防护密闭隔断门由战时关闭状态调整为开启状态后，必须由具有相应资质的专业监理单位进行确认及验收，确认人防门是否已固定牢固，门扇开启状态、位置等影响列车战时运行的各项相关要求是否均已符合列车运营的安全条件。

**2. 信号系统**

在战时运行模式下，若遇到控制中心信号设备故障、地面信号设备列车自动防护子系统（Automatic Train Protection，ATP）/列车自动运行系统（Automatic Train Operation，ATO）信息传输网络故障，信号系统将转换为降级运营模式，转为车站列车自动监控系统（Automatic Train Supervision，ATS）控制，具体根据车站时刻表、列车识别号、列车位置等信息进行人工控制。当车站 ATS 设备故障时，车站联锁设备可实现按相关自动控制方式控制在线列车的运行或由车站值班员人工办理进路方式控制列车的运行。司机可将驾驶模式转换为限制人工驾驶模式(Restricted Manual Train Operation Mode，RM)或非限制人工驾驶模式(Emergency Unrestricted Manual Train Operation Mode，EUM)运行，并按地面信号显示人工驾驶列车运行。

在战时运行状态下，信号系统可由联锁设备维持轨道交通的运行，在联锁级降级运行模式下的行车闭塞方式采用进路方式。

（1）联锁控制模式是指连续式ATP功能失效时，仅以联锁设备保证列车进路安全。其适用于列车以RM和EUM模式运行的情况，司机根据地面信号机的显示行车。

（2）由联锁设备实现进路的自动控制或人工设置。

（3）联锁设备可以将某一信号机或全部信号机设置为自动模式或人工模式。

（4）在联锁控制模式下对列车的运行间隔不作规定，原则上所有列车的运行进路前方均设置保护区段，排列进路时相应的保护区段必须空闲和锁闭，保护区段的设置必须满足运营使用要求。保护区段中若存在道岔区段，应能建立道岔侧向和道岔直向的保护区段。联锁对保护区段的设置进行逻辑判断，当一条保护区段不能建立时，自动建立另外一条保护区段。

**3. 通信系统**

在战时运行模式下，若主用中心无法正常使用、中央级设备故障，通信系统应能自动切换至备用中心运行；当备用中心亦无法使用时，各行车、应急疏散相关的通信子系统（如专用无线系统、广播系统）能切换为车站独立模式运行。

在战时运行模式下，通信系统具备主备中心切换能力；主备中心均无法使用时，部分系统应具备区域独立运行能力，保证列车运行及车站疏散需求，采用专用无线系统和广播系统。专用无线系统可手动实现单基站信号覆盖区域，通过设置集群调度服务器可实现线路无线通信。广播系统可实现单站独立运行，保证车站应急疏散广播功能。

### 7.2.2.2 无战争毁伤的轨道交通运行模式

**1. 只打开区间防护密闭隔断门，地铁列车"拉风箱式"运行**

早期线路战时不用的出入口及风口（含活塞风口）的孔口防护平战转换措施较复杂，导致平战两种状态之间的任意切换较困难。

因此，在空袭间隙，车站除了2个战时人员出入口之外，其余的孔口均保持封堵状态，尤其是活塞风口全部为封堵状态。出入段线防护段也保持封堵状态，只能打开区间防护密闭隔断门。

需要注意的是，区间防护密闭隔断门打开后，需经专业队伍核实已固定好，以确保列车运行安全。同时，区间防护密闭隔断门在关闭之前，需对触网进行断电。在打开后，需恢复触网的供电，才能使列车运行。

在这种情况下,列车只能在一个长距离的、口部全部密闭的地下隧道区间内"拉风箱式"运行。此时,密闭的地下隧道区间内的温度受限于行车对数、客流和车速。通过软件计算,当活塞风井、排风井均关闭,行车对数为 10 对/h,客流断面为 3 000 人/h,列车行驶速度为 40 km/h 时,区间温度最高为 37.7℃,满足轨道交通规范中平时工况时隧道温度不超过 40℃的要求。后续可根据准确的客流资料、行车资料进行计算。

"拉风箱式"运行能力的模拟计算,须从信号系统、行车组织、环控系统三方面协调考虑。

### 1) 信号系统

以全地下车站的上海轨道交通 18 号线为例,在战时状态下,当地面控制中心、地面 GPS 天线和 LTE 无线通信均不可用时,信号设备使用站控的联锁级降级运行模式或电话闭塞法组织行车。

如有个别线路区段出现故障,任意两个车站间可使用单线双向往返功能(该功能也称为"摇摆模式")组织行车运营。

(1) 联锁级降级运行模式

联锁级降级运行模式以联锁功能为基础,通过信号机可实现自动站间闭塞功能。当信号系统无线通信设备故障或非装备车在正线运行时,联锁设备以进路方式控制信号机,司机根据信号机的显示,采用 RM 模式行车(图 7-6)。

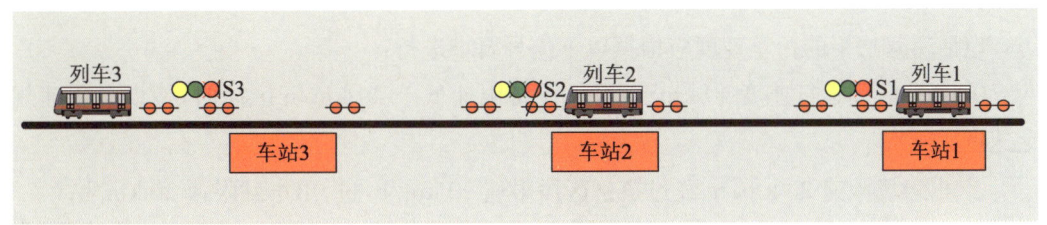

图 7-6　联锁级降级运行模式轨旁设备布置示意
注:S1~S3 为信号机编号。

在联锁级降级运行模式下,司机可使用 RM 和 EUM 两种驾驶模式。

在 RM 模式下,车载 ATP 将列车限制在 20 km/h 以下运行,司机根据调度命令和地面信号显示驾驶列车,列车运行超速时,车载 ATP 设备实施紧急制动,直至停车。在 RM 模式下,应对车门状态进行防护,需经过特殊授权手续方可开门。列车运行的安全由联锁设备、ATP 车载设备、调度人员和司机共同保证。

在 EUM 模式下,信号车载设备处于切除状态而不监控列车的运行,司机根据调度命令和地面信号的显示驾驶列车。列车运行的安全由联锁设备、调度人员和司机共同保证。

(2) 电话闭塞法组织行车

电话闭塞法是轨道交通行车运营组织中常用的、成熟的降级运营模式,是在信号系统联锁功能故障的情况下,为确保行车安全,不间断地接发列车而采用的一种特定的行车方法。轨道交通列车以电话闭塞法行车时,以切除 ATP,信号车载设备处于切除状态而不监控列车的方式运行,司机使用 EUM 模式,根据调度命令和地面信号的显示驾驶列车。列车运行的安全由联锁设备、调度人员和司机共同保证。

2) 行车组织

(1) 电话闭塞法

当停用基本闭塞设备、车站连锁设备故障时,应停止使用基本闭塞法,改用电话闭塞法行车。改用电话闭塞法应有行车调度员发布的调度命令。电话闭塞法行车时,列车占用空间的行车凭证为路票,凭发车手信号发车。

在改用电话闭塞法行车时,行车调度员应及时调整使用时刻表,车站值班员根据调整后的使用时刻表,严格按照规定的作业程序与要求办理闭塞、准备进路、显示信号和接发列车。

路票在确认闭塞区间空闲并取得接车站承认闭塞后方可填发。为了确保行车安全,原则上,路票应由车站值班员亲自填写。路票填写应内容齐全、字迹清楚,涂改无效。对无效路票应注销,重新填写。车站值班员应将填写的路票与电话记录号码进行核对,确认无误并签名后方可交给司机。电话记录号码每站一组,按日循环使用;相邻站不使用相同的号码;每个号码在一次循环内只使用一次,号码一经发出,无论生效与否,不得重复使用。

电话闭塞法下的行车速度应根据以下信号要求进行:

① 列车区间运行速度 40 km/h(经过设备限速低于 40 km/h 区段时,按设备限速规定速度运行);

② 出入场限速 20 km/h,经过道岔区段限速 20 km/h,进、出车站限速 20 km/h;

③ 遇 400 m 及以下半径的弯道等瞭望条件不良的区段时,以不高于 30 km/h 的速度通过(其中 5 号线东川路站—金平路站区间 300 m 半径弯道以不高于 25 km/h 的速度通过);

④ 调度可根据线路实际运营情况,以调度命令的形式对列车区间运行限速进行调整。

(2) RM 模式

RM 模式即 ATP 限制允许速度的人工驾驶模式,这是一种受约束的人工操作,必须谨慎运行。在该模式下,列车由司机根据轨旁信号驾驶,ATP 仅监督允许的最大限速值。

在 RM 模式下,列车由司机人工驾驶,车载 ATP 限制列车在 20 km/h 以下运行,一旦超速,ATP 系统就会实施紧急制动。司机负责列车运行的安全,并监督列车所要通过的轨道、道岔和信号的状态;如有必要,对列车进行制动。

3) 环控系统

在供电电源保留,区间人防门及屏蔽门不关,所有风井及出入口均关闭的前提下,根据上海轨道交通战时运行模式的要求进行初步模拟计算,提出环控专业的以下几项相关问题。

(1) 环控专业初步模拟的参数设置如下(下列参数均为试算参数,无相关方面的提资):

① 行车对数 10 对/h;

② 客流断面 3 000 人/h;

③ 列车行驶速度 40 km/h。

④ A 型车 6 节编组;

⑤ 列车空调开启。

以已开通的上海轨道交通 18 号线为模型基础,经软件计算,发现隧道内温度最高点为 37.7℃,满足区间不超过 40℃的环境温度要求。隧道内温度变化如图 7-7 所示。

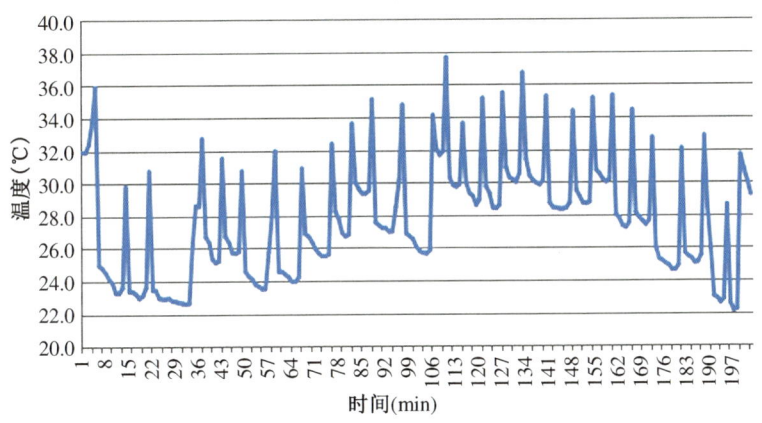

图 7-7　隧道内温度变化

(2) 基于模拟计算结果,提出以下几项环控专业需求和建议:

① 控制行车对数且不建议开启列车空调。行驶列车过多或开启列车空调,在区间里产生的热量越多,战时区间里的热量越无法及时排除,存在一定隐患;同时,对行车对数有一定限制,具体还需提供行车对数要求,以便于模拟计算。

② 车速不宜过高。建议列车过站时降速,以减小过高风压对站台环境的影响。

③ 列车运行时,信号、供电等设备房若需启用,其产生的热量无法及时排出室外。为保证设备正常运行,战时需安装分体空调,室外机向区间排热。

**2. 打开区间防护密闭隔断门以及车站的活塞风口人防门,列车基本正常运行**

后期线路的孔口防护设施平战转换时间较短,可在空袭结束后,打开车站中对列车运行影响较大的孔口,以确保列车运行的较大能力;而对列车运行影响不大的孔口,可继续保持封堵状态,以减少战平切换的工作量。

(1) 对列车运行影响较大的孔口:车站的活塞风口、出入段线防护段的人防门应打开。

车站的活塞风口对列车运行时隧道内的风压、隧道内的温度等均有影响,应尽量打开。

出入段线防护段的人防门是列车在地下区间和地面停车场之间往返的大门,应尽量打开,以便于列车在运行期间回库进行日常维修和保养。

(2) 对列车运行影响不大的孔口,可继续保持封堵状态。

每个车站还有专供平时使用的1个进风口和1个排风口,这2个口部可以继续保持封堵状态,不必进行战平切换动作。因为在战时,乘客对车站内的环境,包括空气质量、温度、湿度、气流组织、气流速度、压力变化和噪声等,会适当降低要求。尤其是当当列车运行时,乘客在车站内的停留时间也不长,车站内的空调系统是不需要打开的,只满足基本的通风要求即可。此时,只使用战时的1个出风口和1个进风口,即可满足乘行要求。

至于车站的其他孔口,比如无障碍电梯通常设置在人防防护单位之外,其口部也设有一道人防门封堵。由于在战时早期阶段已将老、弱、病、残、幼疏散至外省市,因此在空袭间隙不需要考虑无障碍服务,即便确有个别轮椅乘行需求,也可通过人力搬抬等解决,无障碍电梯口部的人防门也可以继续保持封堵状态,以减少平战切换的工作量。

消防通道出入口的人防封堵设施也不必打开,继续保持封堵状态。

### 7.2.2.3 有战争毁伤的轨道交通运行模式

**1. 地面设施被摧毁时的运行模式**

*1) 车辆基地被摧毁时*

按现行有关设计标准和规范,车辆基地无人防要求,全部建设在地面上。其中,个别车辆基地进行了上盖开发,即在整个车辆基地大库上方建设一块板地,这块板地变成一个新的城市建设用地,在板地上方进行居住、商业、办公等一系列开发建设。

战争发生时,为保证轨道交通基本运行功能,在临战阶段,将技术状态良好的轨道交通列车迅速驶入地下区间并停放于存车线或正线。为尽可能多地保存列车,必要时可进行全线正线停车,待警报解除后可释放部分列车返回地面。

当出入段线的咽喉部位被摧毁时,列车不能进出车辆基地。由于咽喉部位只有一处,没有可替代方案,所以必须进行抢险抢修。

当停车列检库被摧毁时:列检库一般规模尺度较大,很可能被局部炸损,导致部分停车列检位无法使用,可将列车开至其他可以使用的列检位,进行车辆的日常维修保养。同时可根据必要性,对炸损的部位进行抢险抢修。

*2) 控制中心被摧毁时*

(1) 信号系统

战时信号系统若被破坏,出现中央故障,或车站作业需要时,经控制中心调度员与车站值班员办理必要的手续后,可由中央遥控转换至车站站控。紧急情况下,车站也可强行办理站控作业。车站实施站控时,应保证线路条件、系统设备均为正常情况。

(2) 通信系统

和列车运行有直接关系的通信系统包括传输系统、专用电话系统、专用无线通信系统。传输系统用于连通各车站、车辆基地和控制中心,传输各类数据。专用电话系统用于轨道交通运行控制中心(Operating Control Center,OCC)各类调度员与各站、车辆基地相关值班员之间的直线通话。专用无线通信系统为OCC和车辆基地的调度人员、车站值班人员、列车司机、防灾以及维修人员等之间提供无线通信手段。各通信系统设备均分车站和中心两部分,重要的负责核心处理和交换的设备均设置在控制中心。

当控制中心被摧毁时:

① 传输系统无法正常工作,但将系统光缆重新连通、系统重新设置后可实现地下区段的传输。

② 专用电话系统中的站间行车电话可以使用,能实现车站与上、下行相邻车站的电话通信。可以根据传输恢复情况重新建设相关设备,实现调度电话功能。

③ 专用无线通信系统仅能实现单站集群功能,即一个基站覆盖范围内的无线终端的通信。可以根据传输恢复情况重新建设相关设备,实现区段内的无线功能。

总而言之,若控制中心突然全部失效,则只能支持列车电话闭塞法运行,且需要由临时调度员启用。

因此,为了支持战时运行状态,可在战时早期阶段,在地下设防区域补充建设重要的中心级通信系统设备,待明确需转换状态时将中心级设备进行转换,从而支持调度工作。

**3) 地面主变电站被摧毁时**

当地面主变电站被摧毁、列车失去动力电源时,可考虑在隧道内行驶带有电池的轨道车或平板车,必要时人员可步行疏散至目的地。

**4) 高架和地面线路被摧毁时**

目前,上海轨道交通全网共计有车站508座,其中高架及地面车站合计130座,占全网运营车站比例的25.7%左右。不设防的地面建筑与设施在空袭中更容易被摧毁,进而影响整个线网的运输能力。

在空袭间隙,只能根据高架和地面线路毁伤的实际情况,在抢修的同时,利用未损坏的线路、车站和设施设备来组织运行。

**2. 地下设防线路被局部摧毁时的运行模式**

地下设防线路被局部摧毁时,主要看毁伤部位是不是轨道。如果轨道未受损,而是地下车站的其他部位受损,列车可跳过该站运行,即跳站运行;如果轨道受损,在完成修复之前,只能以受损点为分界线,将地下区间分成两段,每段视情况独立组织运行。

过江段的地下隧道如果被炸毁,存在江水涌入隧道内的巨大风险,须及时快速地关闭隧道区间的防淹门，避免整个隧道被淹没，将损失降低到最小。

## 7.3 战后阶段

战争结束后，应快速实施地下线路设防工程的战平转换措施并抢修毁伤部位。

设防工程的战平转换措施包括拆除和打开封堵的孔口、拆除战时通风设备并恢复平时通风设备及管线、恢复供电系统、打开通往工程内部的给排水管防护阀门、拆除站内干厕和饮水间、恢复站内的空调系统等。

对毁伤部位的抢修，首先是对重点部位、重要系统的抢修，比如对地面及高架轨道的抢修、对停车场咽喉部位的抢修、对供电系统的抢修等。应以最有效的方案、最快速的施工，先修复完成轨道交通的基本功能——运输功能，保障城市尽快恢复至战前状态。其余附加的服务功能，如站内空调系统、无障碍功能、消防疏散功能等，可留待运输功能正常后再逐步实施恢复。

同时，根据毁伤情况，应从全网络的角度，综合地、统筹地进行修复工程的筹划，并提高损伤较小、运输需求较大车站的修复优先级。

# 第8章 上海轨道交通设施改造与升级

## 8.1 既有线路设施设备改造与升级

### 8.1.1 人防设施设备改造升级

在战时，轨道交通应具备保障人员安全疏散、物资运输以及紧急人员掩蔽的功能。应在战时尽量做到快速转换，确保充分发挥轨道交通的人员掩蔽及运输能力，实现在特定条件下的战时运行模式，这对既有轨道交通车站的人防设施设备提出了更高的要求。

目前已建或在建的上海轨道交通人防工程设防标准均按甲类人防工程设计，工程防核武器抗力级别为6级，防常规武器抗力级别为6级，地铁车站、区间防化等级为丁级。早期线路车站与后期线路相比，主要存在平战转换工程量偏大，平战转换期间需封堵的孔洞数量多、孔洞大小及位置变化多且不一致等特点。

然而，由于每个车站的出入口和风井等土建空间大小以及车站内部空间设施设备功能布置均存在较多较大的差异，若要完全按当前新建线路防护设备的设计布置标准进行升级改造，存在许多困难和局限性。故建议前期先根据该线路及其车站在轨道交通战时运行模式下的重要性及功能需求进行仔细分析研究，明确该线路或车站有无改造的必要性，根据战时功能需求定位，若确需进行改造升级，则再结合该车站的现场实际情况分析有无改造的条件及可行性，从而制定有针对性的改造方案，在满足其平时正常运营需求的情况下，有序进行设施设备的升级改造。

**1. 现有已设防车站的人防设施设备改造**

1）*区间人防隔断门改造*

由于受到平时运营的条件限制，现有已设防车站基本无法满足改造所需的时间及空间要求。若改造将会造成该线路停运或分段运行等情况，影响轨道交通线网的日常正常运行，须轨道交通运营等相关单位作出情况判断。

2）*出入口口部改造*

轨道交通车站出入口由于受周边环境等影响，各个出入口的设计方案及地下通道的布置形式存在较多不一致情况。因此，对应的相关改造需根据各个车站的现场实际情况具体分析，以确认是否具备改造的条件及可行性。

早期线路的设防车站,除战时出入口以外的平时出入口多采用型钢封堵,两侧土建结构墙垛尺寸较小,一般为 150 mm×300 mm。而现有车站直通式出入口常规使用的人防门设备土建预留墙垛最小尺寸一般为 750 mm×500 mm,与原有土建预留尺寸空间相差较大。由于原有型钢封堵为在土建门洞四周预埋一圈角钢构件,而现有人防门设备需在土建门框墙体内预埋成品的钢门框等构件,所以若改造调整,需对原有门框墙体土建结构进行整体改造,重新实施人防门相关门框墙体及预埋构件等。同时,相应土建结构墙板等需重新复核计算;若无法满足要求,还需采取进一步的加固改造措施。

在土建空间条件不满足人防门安装使用的情况下,可考虑采用成品防护密闭封堵板的形式,相比人防门防护设备,封堵板的两侧土建预留墙垛尺寸一般为 300 mm×500 mm,墙垛所占宽度适当减小,其他要求基本与人防门一致。

同时,将出入口内的型钢封堵改造为人防门设施设备,存在以下主要问题。

(1) 安装人防门的两侧门框墙体所需空间相比型钢封堵要大,而原有出入口通道未预留此空间。若调整为人防门,平时使用的出入口通道宽度需至少减小 1.2 m,具体的通道宽度减小尺寸需根据各个出入口的具体情况而定,对出入口通道宽度影响较大。

(2) 由于车站各出入口存在宽度、通道长度不一致等情况,调整改造为人防门设施设备后,为满足人防门正常启闭的要求,需在出入口通道段内预留设置人防门的防护段(即启闭操作空间),而部分车站出入口存在地下通道较短、空间紧凑的情况。从出入口通过楼(扶)梯至站厅层出入口地下通道后,距离车站主体站厅层接口位置距离较近,无法满足人防门防护段设置空间的要求。

(3) 在出入口实施改造期间,由于门框墙体土建改造,根据人防门尺寸的选型,原有土建门洞大小可能发生变化,会涉及原有型钢封堵孔洞上部预埋人防密闭钢套管位置的调整,此出入口上部设施设备管线及出入口可能需暂停使用及重新铺设。

(4) 除上述情况外,还需与轨道交通运营及平时设计单位沟通确认改造方案是否满足平时使用功能等各项要求。

**3) 风道口部改造**

早期线路的设防车站,战时除风亭以外的平时风井多采用型钢封堵,常规以在地下风道段中设置垂直型钢封堵以及在风井出地面敞开口位置设置水平型钢封堵为主。

轨道交通车站风井由于受周边环境等影响,各个车站的风井设计方案及地下风道的布置形式存在较多不一致情况。与现有新线车站风道人防口部设置相比,早期线路车站风道内的型钢封堵设置一般更多兼顾平时车站设计功能及方案布置的需求,对型钢封堵的位置及数量均未有过多条件限制,故早期线路部分车站风道口部较多存在型钢封堵数量多、孔口尺寸不一、风道内设置位置不一等情况。

现有新线车站风道的口部多采用人防门进行防护,基本以采用一道防护密闭门临战封堵的原则进行设置,或对于存在特殊情况的风道口部采用成品防护密闭封堵板进行封堵,故建议早期线路设置型钢封堵的车站风道,在有安装和使用人防门空间的条件下,优先改造安装使用人防门防护设备。若部分风道安装有活塞风机、风阀等设施设备,导致土建空间条件局促,不具备安装人防门空间条件,建议可改造安装使用成品的垂直防护密闭封堵板防护设备。这样,既有车站兼顾设防标准可尽量靠近现行新线车站标准,在原有基础上尽量减少临战封堵的工程量。

同时,将风道内的型钢封堵改造为人防门等设施设备存在以下主要问题。

（1）与车站出入口情况相似,早期线路风道口部垂直型钢封堵两侧土建结构墙垛尺寸较小,尺寸一般为 150 mm×300 mm。而现有车站人防门设备土建预留墙垛最小尺寸一般为 750 mm×500 mm,成品防护密闭封堵板土建预留墙垛尺寸一般为 300 mm×500 mm,与早期线路土建预留尺寸空间相差较大。同时,早期线路型钢封堵为在土建门洞四周预埋一圈角钢构件,而现有人防门设备需在土建门框墙体内预埋成品的钢门框等构件。因此,若改造调整,需对早期线路门框墙体土建结构进行整体改造,重新实施人防门相关门框墙体及预埋构件等。同时,相应土建结构墙板等需重新复核计算,若无法满足要求,还需采取进一步的加固改造措施。

（2）安装人防门或封堵板的两侧门框墙体所需空间相比型钢封堵要大,同时防护设备均有对应的规格尺寸;对风道过风面积,各车站均有各自的要求,若改造调整,可能出现与早期线路过风面积需求不一致的情况。因此,风道防护设备型号尺寸及布置方案需要由平时设计单位根据自身车站各个风道过风面积的具体情况而定,以此选择合适的人防防护设备。

（3）在风道实施改造期间,由于门框墙体土建改造,根据人防门尺寸的选型,早期线路土建门洞大小可能发生变化,会涉及早期线路型钢封堵孔洞上部预埋人防密闭钢套管位置的调整,此风道上部设施设备管线可能需暂停使用及重新铺设。

（4）除上述情况外,风道改造施工期间对车站风道过风功能会产生一定影响,还需与地铁运营及平时设计单位确认改造方案是否满足平时使用功能等要求。

**2. 现有未设防车站的人防设施设备改造**

由于上海轨道交通 1、2 号线等在建设时尚处于中国城市轨道交通工程的建设初期,轨道交通工程的设防标准及要求尚未颁布,故 1、2 号线未设置安装相关人防设施设备。这些车站是否具备人防改造条件,能否达到现有设防标准,仍需根据车站的现场实际具体情况进行具体分析,以确认是否具备改造的条件及可行性。

例如,位于上海中心城区的 1、2 号线人民广场站,随着轨道交通网络的不断发展完善,成为一座 1、2、8 号线三站换乘的大型枢纽车站,其与 2 号线车站通过大型的地下采光中庭进行换乘,以 8 号线车站为主体两站平行换乘。同时,在 1 号线车站主体结构顶板设有较大的长条形采光天窗。因此,车站的结构侧墙及顶板均有较多的大面积土建开孔。若对其进行人防改造,需对车站土建结构墙板等进行重新复核,由于车站土建开口及孔洞较多，人防采取改造封堵措施后，车站平时功能会受到一定影响。

另外，车站位于上海最繁华的南京路步行街区域，周边地上及地下多为商业开发空间，车站出入口及风井等土建结构也存在较多与周边地块地下开发空间结建等情况，现场土建工程条件十分复杂，出入口及风道土建空间若改造安装人防门等设施设备，也同样会对现有出入口通道宽度、风道内平时设施设备、过风面积等产生影响。

作为一座大客流枢纽车站，需要预先与运营、维保等相关单位根据车站日常运营功能等情况作进一步的分析讨论，以判断其人防改造的可行性。

### 8.1.2 通信、信号设施设备改造升级及保障措施

信号系统在战时若出现地面控制中心、地面无线通信不可用的情况，信号设备使用站控的联锁级降级运行模式或电话闭塞法组织行车。目前，上海既有轨道交通线路的信号系统在战时状态均可降为联锁级降级运行模式或电话闭塞法组织行车。由于现有信号系统设备的稳定性均在提升，在实际日常使用中，轨道交通现场运营操作人员极少使用联锁级降级运行模式或电话闭塞法。因此，轨道交通运营部门需定期组织进行相关演练，使现场运营人员熟悉操作流程，以备战时使用。

通信系统在战时若出现地面控制中心不可用的情况，广播系统已具备单站广播功能；专用无线系统基站独立运行模式因与正常集群调度功能冲突，处于关闭状态，需手动开启；由于专用无线主备集群调度中心为线网级中心，在主备中心均运行的情况下无法实现全线无线漫游通话功能，为保证战时专用无线的正常使用，需在可靠的地点设置线路级集群调度服务器，当线网级中心无法使用时，切换至线路级调度服务器，保证单线路的无线通话功能正常使用。

## 8.2 新建线路升级

### 8.2.1 新建线路防护能力升级

与上海早期线路相比较，目前新建及在建的轨道交通兼顾设防工程从出入口和风井口部的防护数量控制、人防防护设备的标准化和定型化等方面均有较大的功能标准提升，有效减少了平战转换工程量，为从平时运营状态转入战时状态创造了有利条件。未来战争模式存在多样性及不确定性，轨道交通工程的战时运行模式可能也会随着战时的发展需要不断变化。

展望未来轨道交通兼顾设防工程，建议可从部分新建重要车站的降低平战转换工程量方面、设防防护标准方面，以及轨道交通地面重要设施设备地下化方面进行可行性

探索,从而进一步提高未来新建线路的防护能力,为轨道交通工程在战时发挥更大的作用提供基础保障。同时,轨道交通兼顾设防工程的设防标准是否提高,应从国家人民防空的战略全局出发,并符合国家相关规范及技术标准等要求,结合战时轨道交通具体的功能需求定位进行综合分析考虑,应与城市的战略地位相协调,与城市的经济发展情况相匹配。

### 8.2.1.1 降低平战转换工程量的设想

由于上海城市轨道交通运营已呈现网络化特征,新建车站数量每年不断递增,平战转换工程总量也将不断增加。常规标准车站为 4 个乘客出入口、1 个消防出入口及 2 组风亭。其中 2 个乘客出入口为战时主、次要出入口,另外 2 个为平时出入口。2 组风亭共 8 个风井,每组风亭分别为 2 个活塞风井、1 个新风井及 1 个排风井,其中设战时新、排风井各 1 个。

(1) 可考虑进一步提高轨道交通车站平时出入口和风井口部的防护设置标准,将原一道防护密闭门调整为按一框两门进行设置,以满足丁级防化等级的要求,如此可取消原有堆土、堆砂袋的密闭措施。以常规标准车站为例计算,与现有常规标准车站人防设置相比较,每个车站需增加 9 樘防护密闭门的设施设备。

此外,平时正常运营时,轨道交通列车的运行模式需使用活塞风道,但由于战时活塞风道采用临战封堵密闭措施,无法快速切换,使得战时轨行区列车若需通行,无法以平时运营状态的正常时速行驶,导致战时运输效率偏低。而活塞风道调整为一框两门设置后,减少了平战转换工程量,可在战时有需要的情况下进行快速切换,使列车运行效率得到有效提升。

(2) 上海轨道交通工程原有战时进、排风机和战时风机控制箱均为在平战转换期间内安装完成,可考虑调整为在平时设计及施工时一次到位,不再进行预留设计和二次施工。

通过提高平时出入口和风井的防护标准,以及战时风机设备在平时一次安装到位,可使战时平战转换的时效进一步提升,同时也为战时轨道交通运行模式的快速切换创造条件。

(3) 上海早期线路的非战时口部较多采用型钢封堵方式,导致平战转换工程量较大,平战转换的加工、运输、安装、操作所需时间较长。目前,上海轨道交通平战转换的应急防护物资储备及轨道交通战时物资集中储备场所设置等仍有待进一步的明确及完善。

建议在后续规划建设层面,考虑各轨道交通停车场是否可预留相关战时储备物资场地条件,临战时能否通过停车场的地铁列车进行平战转换物资的运输,通过对物资储备及战时物资运输能力的提前规划建设,提高轨道交通战时平战转换物资的应急筹措及运输保障能力。同时,有针对性地进行轨道交通战时安装队伍的人力资源储备,并在日常开展相关培训。

通过对以上方面的建设和完善,确保平战转换工程的顺利实施。

#### 8.2.1.2 重要车站兼顾设防标准、轨道交通线路主变电站等关键设备地下化的设想

**1. 国内政策背景**

2016年,在第七次全国人民防空会议上,习近平强调,要坚持人民防空为人民,铸就坚不可摧的护民之盾。要提升履行使命任务能力,提高防空袭斗争能力,有效履行战时防空、平时服务、应急支援职能使命。要转变人防建设发展方式,树立和落实新发展理念,深化改革,推进军民融合,努力实现更好质量、更高效益、更可持续的发展。要发挥军政共同领导优势,各级党委和政府以及军事机关要加强组织领导。

李克强指出,人民防空是国防的重要组成部分,是经济社会发展的重要方面。要按照"五位一体"总体布局和"四个全面"战略布局,牢固树立和贯彻落实新发展理念,加快转变人民防空发展方式,深入实施军民融合发展战略,坚持人防建设与经济社会发展相协调,不断提高战备效益、社会效益和经济效益。

《中华人民共和国人民防空法》明确规定,城市地下交通干线以及其他地下工程的建设,应当兼顾人民防空的需要。因此,须切实落实城市地下空间开发利用工程兼顾人民防空需要,加强与所在地规划建设管理部门的协调,建立健全城市地下空间开发利用工程建设管理的联动机制,确保城市地下空间开发利用工程兼顾人民防空需要落到实处。城市的地下交通干线以及其他地下工程的规划与建设,应当按照国家和地方有关规定兼顾人民防空的需要,其口部等关键部位和重要设施的设计、施工和维护应当符合人民防空防护标准,增强防空抗毁能力。

**2. 上海轨道交通发展背景**

随着城市规模的扩大及人口的不断增加,为缓解城市交通拥堵,提高城市运行效率,实现公交优先的战略目标,为顺利推进城市轨道交通的建设工作,上海轨道交通根据不同时期城市经济发展状况、城市规划布局、人口发展规模等进行了多轮规划、更新和调整。

上海市于2000年编制完成轨道交通网络系统规划,并纳入城市总体规划,规划包含17条线路。在2005年11月和2006年10月,上海市城市规划管理局先后向上海市政府专题汇报了《上海城市轨道交通网络深化规划》和《上海城市轨道交通规划选线落地》,深化后的上海城市轨道交通网络由21条线路组成。根据《国家发展改革委关于上海市城市快速轨道交通近期建设规划(2010—2015年)的批复》和《上海市城市快速轨道交通近期建设规划(2010—2015年)局部调整报告》,2010—2015年上海轨道交通建设规划项目共13个。

2014年，为适应时代发展的新形势，探索未来发展的新要求，上海市启动新一轮总体规划及轨道交通网络规划的编制。2017年12月，《上海市城市总体规划（2017—2035年）》获得国务院批复。

2015年7月，上海市发展和改革委员会正式启动上海市轨道交通第三轮近期建设规划及配套专题的编制工作。

2018年12月11日，《上海市城市轨道交通第三期建设规划（2018—2023年）》获得国家发展和改革委员会正式批复。

总规明确，立足2020年，上海将建成具有全球影响力的科技创新中心基本框架，基本建成国际经济、金融、贸易、航运中心和社会主义现代化国际大都市；到2035年，基本建成卓越的全球城市，具有世界影响力的社会主义现代化国际大都市。重要发展指标达到国际领先水平；到2050年，各项发展指标全面达到国际领先水平。

**3. 重要车站兼顾设防标准的设想**

*1）指导思想*

轨道交通工程是兼顾人民防空需要、平战结合的综合利用工程。地下车站平时以交通运营为主，战时为城市人防体系的重要连接线，与人防疏散干道相连，保障人员疏散、物资转移的交通安全，紧急情况下车站作为紧急人员掩蔽部使用。地铁线路的关键部位、重要设施应按照相关要求的规定，做好重点防护，在拟定的核武器、化学武器、常规武器袭击和袭击后的城市次生灾害威胁下，保障人员和设备的安全，以提高整座城市的防空抗毁综合防护能力。

*2）规划原则*

根据《中华人民共和国人民防空法》，城市地下交通干线以及其他地下工程的建设应兼顾人民防空的需要。通过采取一定措施，完善城市轨道交通自身的防护能力，可在未来战争中保护人民生命财产的安全。

为提高城市整体防灾抗毁能力，考虑规划新建的轨道交通工程人防设计应在不影响平时使用的条件下，充分利用自身工程已有条件，对关键部位、重要设施采用防护功能平战转换技术措施，在规定转换时限内达到防护标准及要求。

在工程投资增加不多的情况下，使轨道交通纳入人民防空疏散体系及人员待蔽场所。目前，上海地下车站、区间隧道均按甲类6级抗力级别设防，一般设防站防化等级按丁级设计。在对后续规划待建线路进行功能定位以及车站区域重要性等分析研究后，可考虑将部分重点设防站的防化等级由丁级调整为丙级，以进一步提升并加强轨道交通人防工程的战时防护功能。

（1）平战结合原则

轨道交通建设平时以交通运营为主，兼顾人防。人防系统应不影响轨道交通平时的运营，出现战时紧急情况后进行平战转换，发挥战时防空、平时防灾的作用。

(2) 完整性原则

轨道交通地下部分的主体结构、出入口、风道口、防护单元隔断等都应该满足相应等级的防护要求，以保证整个轨道交通人防系统的完整性。

(3) 同步原则

轨道交通人防系统的设计、施工与主体结构同步进行，这样有利于各专业相互配合，从而保证轨道交通使用功能和防护功能有机结合，减少投资。

(4) 经济性原则

在满足战备效益的前提下，尽可能通过优化设计成果减少投资，同时体现经济效益及环境综合效益。

3) 重要车站设防思路

根据城市轨道交通线网规划，对线路走向及车站站位设置进行分析研究，通过对该线路的重要性程度、车站周边地块规划及周边开发建设的情况、轨道交通车站规划布置等情况进行多方面的综合考虑，来选择及判断该条线路是否需设置重点设防站，以及哪些车站需要考虑进行重点设防。

4) 重点设防站与一般设防站的设防对比（表8-1）

表8-1 重点设防站与一般设防站对比

| 对比项目 | 重点设防站 | 一般设防站 |
| --- | --- | --- |
| 设防等级 | 按甲类人防工程设计；抗力级别：常6、核6 | |
| | 防化等级丙级 | 防化等级丁级 |
| 出入口 | 设2个战时人员出入口，宜分别位于车站两侧，其防毒通道兼作简易洗消间。滤毒式通风时结合一个战时安全出入口采用超压排气的方式进行。其他出入口临战封堵 | 设2个战时人员出入口，宜分别位于车站两侧。其他出入口临战封堵 |
| 风道口 | 设置战时滤毒式和清洁式进风道、清洁式排风道。<br>(1) 结合一端平时通风新风道设1个战时滤毒式进风道和清洁式通风进风道，结合另一端平时排风道设1个战时清洁式通风排风道。滤毒式通风排风时结合1个战时安全出入口采用超压排气的方式进行。<br>(2) 滤毒式通风进风道与战时人员安全出入口超压排风一般对角布置。<br>(3) 其余风口临战封堵 | 设置战时清洁式进、排风道。<br>(1) 结合平时新风道设1个战时清洁式通风进风道，结合另一端平时排风道设1个战时清洁式通风排风道。<br>(2) 清洁式进风道与清洁式排风道一般成对角布置。<br>(3) 其余风口临战封堵 |
| 区间隧道 | 根据防护单元的划分设置区间隔断门 | |

(续表)

| 对比项目 | 重点设防站 | 一般设防站 |
| --- | --- | --- |
| 通风 | 有清洁式、滤毒式、隔绝式通风三种方式。<br>(1) 战时清洁式通风新风量不小于 $5\ m^3/(p \cdot h)$。<br>(2) 战时滤毒式通风新风量不小于 $2\ m^3/(p \cdot h)$。<br>(3) 人员出入通道(防毒通道)换气次数 40 次/h。<br>(4) 工程内部密闭区防毒超压 30 Pa。<br>(5) 战时滤毒式通风风量按以下两种计算风量中较大者确定：<br>① 按车站密闭区掩蔽人数和滤毒式通风风量标准计算新风风量；<br>② 按人员出入通道(防毒通道)换气所需排风量和维持车站密闭区防毒超压的漏风风量之和确定。<br>(6) 隔绝式防护时间按不小于 3 h 计算 | 有清洁式、隔绝式通风两种方式。<br>(1) 战时清洁式通风新风量不小于 $7\ m^3/(p \cdot h)$。<br>(2) 隔绝式防护时间按 3 h 计算 |
| 电气 | 战时供电利用平时条件平战结合使用。<br>战时人防负荷包括：通风方式的转换系统、进风机、排风机、加压风机、电动密闭阀门等通风方式转换时联动的电气设备,防护设备信号显示控制,应急通信报警设备,人员隐蔽区域应急照明等 | |
| 给排水 | 战时不考虑生活用水,只考虑饮用水。<br>人员饮用水标准为 3 L/(人·d)。<br>战时出入口防毒通道或密闭通道兼作简易洗消间,考虑简易洗消 | |
| | 储水时间为 3 d,采用商业桶装水 | |

**4. 轨道交通线路主变电所等关键设备地下化研究**

《城市轨道交通设计规范》(DG/TJ08—109—2017)对轨道交通工程中的地下主变电所兼顾设防标准已有相关要求：独立设置的地下主变电所自成防护单元,无防化等级要求。防护单元人员出入口不少于 2 个,口部设置防护密闭门一道。战时主要出入口,进、排风口宜设置在地面建筑倒塌范围之外,如设置在倒塌范围以内,应采取可靠的防堵塞措施。地下主变电所输出的环网电缆地下通道宜按人防连通口要求设置人防门,并符合防化等级的要求。

作为列车战时运行的重要供电设施设备,在目前已建的轨道交通线路中,主变电所仍有较多设置在地面。与设置在地下相比,其战时抗毁能力相对偏弱,建议后续新建线路在前期规划时,同时考虑分析主变电所设置在地下的可行性。由于主变电所不同于常规的民用建筑,其设计及功能均有较多的特殊性,若设置在地下往往也会有相关要求或其他限制性条件,所以在前期规划及设计时需统筹协调考虑,使得轨道交通工程人防设计在保障平时使用的前提下,充分利用轨道交通工程平时的设施设备,完善战时人防防护功能,做到安全、适用、经济、合理。

同时,轨道交通控制中心作为轨道交通线网运营管理的中枢,在战时运行模式的控制管理中发挥重要的指挥功能。但目前上海轨道交通的控制中心均设置于地面,若被破坏损毁,则会导致战时列车无法高效有序地协调运行。因此,建议在后续的控制中心规划及建设方案中,考虑分析控制中心设置在地下的可行性。

### 8.2.2 新线车站与周边地下空间互联互通

**1. 地下车站与周边地下空间互联互通的人防意义**

地下空间是城市综合防灾空间体系的主体。上海轨道交通基本网络已建成,其地下空间达到417万 $m^2$,形成"以换乘枢纽为点、每条线路为线、整个网络为面"的点、线、面结合的地下空间体系,基本构建了一个纵贯中心城区、联系各地下空间的网络。当前,以地下车站为核心,发展周边地下空间,并与周边地下空间连通,已成为城市地下空间发展的热点(图8-1、图8-2)。

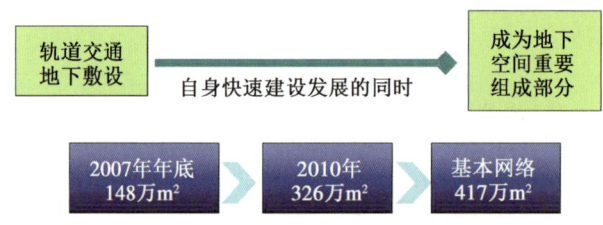

图8-1 上海市轨道交通地下空间发展进程示意

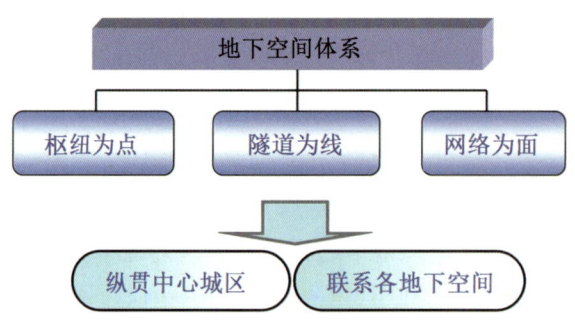

图8-2 轨道交通地下空间体系示意

地下车站与周边地下空间互联互通,有助于巩固和加强城市的人防体系,在人防建设上意义重大。

《人民防空地下室设计规范》(GB50038—2005)第3.1.4条规定,根据战时及平时的使用需要,邻近的防空地下室之间以及防空地下室与邻近城市地下建筑之间应在一定范

## 第8章 上海轨道交通设施改造与升级

围内连通。

连通地下空间的最大作用在于灾害一旦降临,人员可在第一时间进入地下空间躲避,且可在最短时间内疏散。灾害来临后发生地面交通中断等情况时,地下空间还可以作为通道运送物资、伤员等。

轨道交通建设时通过与周边的人防工程和人防通道合理连通,纳入人民防空体系。平时主要以交通功能为主,战时可作为人员的避灾避难场所,并可作为特殊情况下战备等物资的运输通道。同时,轨道交通庞大的地下网络又增加了整个城市人防系统的连通性,从而提高了城市的总体防灾减灾能力。

庞大的轨道交通系统就是一个复杂的地下国防工程,许多地铁系统都隐藏着巨大的秘密。莫斯科的轨道交通系统构成的庞大的地下秘密通道,至今还吸引着很多的探险者;华盛顿轨道交通在战时可掩蔽180万人。因此,轨道交通的社会效益和战备效益十分明显。

战时人员的疏散、交通,除了通过车站的人防出入口进出外,车站与周边地下空间的连通口也是极为重要的一个途径,且相比地面出入口而言,地下连通口具有更大的隐蔽性、安全性和便捷性。

**2. 既有车站与周边地下空间的互联互通**

早在2006年7月,上海市地下空间管理联席会议办公室就要求进行轨道交通地下车站与周边地下空间连通的规划需求的调查摸底。此次摸底有如下的反馈信息。

(1) 有12个区对71个轨道交通车站提出了连通要求,涵盖了9条线路,即2、4、6、7、9、10、11、12、13号线。并对有条件实施的13个车站16个连通点进行了工程方案设计,连通性质包括商办、过街通道、停车库和人防工程。

(2) 到2010年,上海南站、上海站、徐家汇站、人民广场站、五角场站等10多个轨道交通站已与周边地区的商厦、办公楼、住宅区地下空间连通。但根据统计分析:当时地下生产生活设施中,不连通工程约占87%(其中28%预留了连通口),连通工程约占13%。连通工程中直接与轨道交通车站连通的仅占13.5%,占地下空间设施总量的2%,比例极低。

(3) 到2020年,越来越多的地下车站与周边地下空间进行了连通:如2号线创新中路站、9号线徐家汇站、10号线航中路站、9号线小南门站、15号线朱梅路站、13号线学林路站等。40多个轨道交通地下车站与周边地下空间实现了互联互通。

根据多年连通工程的建设经验,轨道交通车站与周边地下空间的互联互通存在的主要问题有如下几个方面。

(1) 缺乏规划引导和控制

规划是项目工程实施的基础性工作,也是源头性工作。

在"十一五"期间,上海编制并审议通过了《上海城市地下空间概念规划》,开创了规划编制的新纪元。但之后，未能及时组织编制"上海城市地下空间开发利用总体规划"，以及各个行政区划地下空间开发利用的"分区规划"和新城新区地下空间开发利用的"详细规划"。尤其是轨道交通沿线和车站地区的地下空间开发利用，由于缺乏规划控制和引导，很多车站未能与周边地下空间相连通，降低了地下空间的可达性和舒适性，也降低了交通和商业的效能，造成土地空间资源的浪费。

随着对地下空间开发利用的理念和认识程度的提高，轨道交通与周边地下空间的连通问题也越来越被重视，成为"十二五"期间上海市地下空间开发的主要内容之一。

(2) 多方联动管理机制不健全

对地下空间的管理，往往是各自为政的多头管理，在特定的情况下，可能会造成一定的不良影响。例如，漕溪路公交枢纽未能实现与轨道交通车站的直接连通，主要原因是三条通道分属三个不同职能部门，从规划到建造缺乏统一协调的管理机制。

轨道交通车站与周边地下空间的连通，除了涉及轨道交通部门、地块业主以外，其连接体部分往往位于城市道路下方，其产权方为政府相关部门。这三者之间如何统筹、协调，是一个值得关注的问题。

(3) 未把握好建设时机、建设时序

轨道交通车站与周边地下空间的连通工程往往位于城市道路地下，受道路管线搬迁和道路交通组织制约较大，一旦错失最佳时机，很可能无法再施工建设。

(4) 建设难度大

在一些工程案例中，由于工程范围内的地下已有线、构筑物等情况复杂，往往涉及多家单位，给工程的实施带来很大的协调难度。或者即便协调成功，也使得单位造价极高。这时，工程通常就放弃了对连通工程的实施，使其只能停留在规划阶段。

**3. 新线车站与周边地下空间的互联互通**

上海市新线及规划线的建设、规划中，也有很多互联互通工程，如浦东机场南区地下枢纽及配套工程（涉及规划2号线南延伸和规划21号线东延伸）、闵行区梅陇社区06单元（MHP0-0306）控制性详细规划街坊局部调整（涉及19、21号线）、徐汇区华泾镇XHPO-0001单元控制性详细规划D1等街坊局部调整（涉及19号线）、后藤电子（上海）有限公司二期扩建项目（涉及21号线金桥站）、世博文化公园（涉及19号线）等。

上海市住房和城乡建设管理委员会于2015年批准发布了上海市工程建设规范《轨道交通地下车站与周边地下空间的连通工程设计规程》(DG/TJ08—2169—2015)，明确规定如下的地下车站与周边地下空间的连通工程人防设计要求。

(1) 轨道交通工程做兼顾人防设计，战时作用为交通干道，人员和物资应迅速转移至附近人防工程内，故周边地下空间应靠近轨道交通地下车站并与其直接连通。

为使战时人员或物资能通过周边地下空间直接进入或过渡到其他等级的人防掩蔽工程中，规定地下车站与周边地下空间连通时必须保留至少一处连通口用于战时通行。

（2）针对各种类型的连通情况，明确了连通口部的战时封堵与人员通行兼顾的具体人防做法。

（3）规定了连通口部平战转换的技术要求。

新线车站与周边地下空间的互联互通应注意以下几点。

（1）规划先行

轨道交通车站与周边地下空间的连通，应从所处整个区域的角度，甚至从整个上海市的角度提前规划，并应将其列为区域规划的一个重要内容。轨道交通车站的站位选择、埋深，以及周边地下空间的建设范围、地面标高设计等，均应服从该规划内容。必要的时候，可调整车站的位置。

（2）完善管理体制

目前，对地下空间的管理往往是多部门各自管理，在特定的情况下，可能会造成不良影响。

轨道交通车站与周边地下空间的连通，除了涉及轨道交通部门、地块业主以外，其连接体部分往往位于城市道路下方，属政府相关部门管理范围，应注重三者之间的统筹与协调。

（3）把握好建设时机

轨道交通车站与周边地下空间的连通工程，受地下管线搬迁和地面道路交通组织制约较大。一旦错失时机，施工可能将无法开展。

### 8.2.3 防护单元设置

《轨道交通工程人民防空设计规范》(RFJ02—2009)中提到，一座车站与一个相邻区间宜为一个防护单元。从全国范围的城市轨道交通的情况来看，绝大部分的轨道交通均是"一站一区间"的防护单元设置，这种设置方法存在一定的合理性，但也有待进一步分类细化。目前"一站一区间"的防护单元设置存在以下问题。

（1）轨道交通战时的主要功能是人员安全交通、转移和物资运输。"一站一区间"的防护单元设置中，区间隔断门关闭会影响轨道交通的战时主要功能的发挥，特别是重要线路在人口疏散、物资运输、人员返城支援等任务中的功能发挥。

（2）轨道交通承担临战疏散任务，将中心城区人口疏散至郊区。由于郊区被敌实施空袭的概率较小，且郊区人防设施较多、人均掩蔽面积较大，故不存在弥补中心城区人均掩蔽面积不足的情况，郊区本地的疏散人员和中心城区的疏散人员都没有必要前往轨道交通车站进行掩蔽，而应疏散至郊区设置的人防疏散基地或附近的人防工程进行掩蔽。因此，在郊区区段设置"一站一区间"的意义不大。

（3）截至2022年，上海轨道交通运营线路共20条(含磁浮线)，共设车站508座(含磁浮线 2 座),运营里程共 831 km(含磁浮线 29 km)。如此大体量的轨道交通线路在战时同时进行平战转换,涉及的工作量巨大,如何减少平战转换的工作量或提高平战转换的效率是值得考虑的问题。

针对以上问题以及重要线路、车站设置,建议防护单元设置采取以下分类设置方法。

(1) 重要车站和中心城区(人均掩蔽面积不足)内的车站设置"一站一区间",战时按照常规流程进行平战转换。此类车站附近人口密集或附近人均掩蔽面积不足,因此需要轨道交通车站设置"一站一区间"来弥补城市人员掩蔽部的不足。

(2) 重要线路区段(除去重要车站、中心城区内的车站的区段)设置"一站一区间",战时区间隔断门保持常开,其他对外口部按照常规流程进行平战转换,遇到核威胁或收到上级指令后再关闭区间隔断门。目前现代战争模式主要以精确导弹打击为主,轨道交通通过对外口部进行平战转换,整个区段成为一个防护单元,已经基本可以应对此类战争模式下的紧急掩蔽问题。重要线路区段的战时区间隔断门保持常开是为了保证轨道交通战时运输和疏散功能的发挥;如果遇到核威胁或收到其他上级指令,再关闭区间隔断门。此做法一方面可减少一定的平战转换工作量,另一方面也是为了保证轨道交通战时功能的发挥。

(3) 一般线路区段(除去重要车站、中心城区内的车站)可对防护单元设置不作强制性要求,可不设区间隔断门,战时对外口部按照常规流程进行平战转换。此类线路区段的地理位置一般为人口导入区,被敌实施空袭的概率较小,且郊区具有人防设施较多、人均掩蔽面积较大的优点,本地人口与中心城区疏散人口应疏散至郊区设置的人防疏散基地或附近的人防工程进行掩蔽,此类线路区段可设置整个区段为一个防护单元来应对疏散人员的紧急掩蔽问题。此做法主要是为了减少平战转换工作量,提高防护效能的经济性。

### 8.2.4 新线路规划

#### 8.2.4.1 新建轨道交通工程兼顾人防战备的挑战和意义

(1) 根据总体国家安全观要求,上海应该抓住信息化和智慧城市建设、地下空间开发步伐加快的机遇,完善建设布局,推进防护标准落实,提升城市总体防护水平,逐步建成与城市相适应、国内领先、国际一流的工程防护、疏散基地和避难场所等体系。

遵循此思路,特别是按照最新斗争形势的工作要求,形成以指挥工程、专业队、医疗救护等骨干工程为重点,轨道地下线路、隧道等交通工程为干线,人员掩蔽工程为主体的布局合理、功能配套的工程防护体系,为城市安全作出贡献。

在这些任务建设中,城市轨道交通线路作为防护体系的重要骨干工程,在人员早期疏散、临战疏散和紧急疏散过程中功能尤为突出。尤其在临战阶段,须在短时间内将大量人口快速、安全、有序地疏散到人防疏散基地,轨道交通发挥着不可替代的重要作用。因此,在轨道交通新线路规划时应当充分考虑人防疏散基地建设等战备需求,合理选点和布局,统筹考虑平时交通运输和战时人员疏散、掩蔽功能,使上海轨道交通真正发挥平战结合的作用。

(2) 轨道交通一体化设计,是指把轨道交通车站周围的地上及地下商业、住宅、公共建筑、道路、公交车站或交通枢纽与轨道交通进行统一规划和设计。一体化设计可以节约大量的资源,上海等城市的轨道交通一体化设计从开始的探索阶段已经走向全面铺开和实施的局面。对于人防部门来说,如何应对一体化设计带来的新问题将是一项重大挑战。

比如,对于常规的轨道交通车站,口部人防段设置完成意味着防护区的划分自然而成。一体化设计的车站往往有诸多位置连通的孔口,在极端情况下,所有出入口均不能直达地面,从而造成战时安全出入口的缺失,对轨道交通的设防方案造成重大的影响。又如,不少规划车站可能会有开天窗或设置下沉式广场的要求,造成人防设备的安装位置多种多样,门框墙的设置和形式也相对复杂,常常不再是单纯支撑在侧墙上的结构,而需要应用特殊的防护设备或孔口防护方案。

因此,一体化设计是轨道交通今后发展的趋势,人防部门应当未雨绸缪,主动与轨道交通部门对接。人防专业要从建筑方案的论证开始,更早地介入并给予支持,对防护方案的可行性和人防段设置的合理性进行跟踪配合,合理设置防护区域。对于设防困难,或者地下 1 层不设防的车站,及时向主管部门汇报,提出合理的应对措施和备选方案。

### 8.2.4.2 轨道交通规划与人防建设相融合策略

**1. 综合规划开发,优化工程布局**

城市轨道交通对车站和线路选点和布局时,除应当充分考虑平时城市发展、人口分布、交通组织等规划要素外,尚应根据城市人防专业规划的要求,统筹考虑人口疏散和掩蔽等因素,做到地上与地下综合考虑,统筹安排。合理的布局可以实现城市轨道交通与人防工程的有效结合,进而优化整体布局。

**2. 加强规划管理,提升部门认识**

为了实现人防与地下轨道结合的有效性,一是相关单位要明白二者的关联性,提升部门的重视程度。二是明确二者组合的意义。为了实现这两点,需要提高不同部门人员的敏感度和专业水平。在规划阶段,要按照轨道交通和人防部门的相关要求和标准开展工作,为后期建设奠定根基。人防工程和城市轨道交通发展必须齐头并进,才能充分发挥效益。因此,相关部门,特别是轨道交通部门需要了解人防技术、人口疏散和设防布点的重要性,才能创建面向未来、随时可用的规划设计。

**3. 加大研究力度,提升科研水平**

建设轨道交通,要依据有关法规进行规划,使人防建设与轨道交通协调发展。在轨道交通车站和线路设计时,应考虑发展趋势、城市基本建设、现代战争特性等因素,并结合实际、科学协调地规划框架。发展人防的目的是推进现代武器和现代作战方法的研究以及人防系统的科学研究。人防建设也必须符合规定,并进行适当调整。根据不同层面的人防工作,制定不同的防护标准,同时完善防护体系,进而使城市轨道交通符合人防建设要求。

# 第9章 主要研究结论

**1. 上海轨道交通战时功能定位**

上海轨道交通工程作为兼顾设防工程,规范中明确其战时功能主要有运输功能、人员掩蔽功能及物资储备功能。通过对相关规范的研究,运输功能只发生在空袭之前的预警期。在空袭发生时,轨道交通主要是作为紧急人员掩蔽部以及物资储备场所。规范中并未考虑在空袭之后,轨道交通能否恢复运行,以及如何恢复运行等问题。

本书依据现代战争城市防御模式及上海市实际情况,对战争各阶段的上海轨道交通战时功能重新定位,特别是战时运输功能,不再仅满足战前阶段城市人口疏散需求,对战时空袭间隙及战后阶段其功能的发挥也进行了探讨。特别是针对空袭间隙阶段,明确轨道交通具有运输功能及人员掩蔽功能两大功能快速转换需求,创新性地提出了战平切换的概念。

**2. 上海轨道交通重要线路与车站研究**

在战时,不同轨道交通线路与车站承担的运输、掩蔽、物资储备等战时功能以及功能发挥程度是不同的,也就意味着轨道交通车站的重要性是有差异的。目前,上海轨道交通各线路、车站未有差异化,对轨道交通功能战时充分发挥带来一定的制约。根据上海轨道交通现状及城市战时需求,提出了重要线路及重要车站的定义。重要线路是根据区位、运输任务与方向、运输对象与运输量、战争潜力等因素,在人防中发挥重要运输功能的线路;重要车站是根据轨道交通周边的人口分布、人防设施情况、战时功能定位、战争潜力等因素,在人防中发挥重要人员掩蔽、物资储备和运输功能的车站。本书通过评估指标体系,建立合理的轨道交通重要线路、车站评估方法,对轨道交通重要线路、车站的设置进行评价应用,筛选出上海市的重要线路以及重要车站,为轨道交通兼顾设防的发展提供参考。

**3. 上海轨道交通既有条件下战时运行模式理论推演**

根据轨道交通战时功能的定位,推演了各战争阶段上海轨道交通的运行模式以及各专业(人防、信号、通信等)转换措施。重点研究了空袭间隙轨道交通无战争毁伤与有战争毁伤情况下轨道交通的运行模式以及各专业的平战转换措施。

(1) 轨道交通无战争毁伤情况下的运行模式。重点分析了只打开区间防护密闭隔断门的工况,以上海轨道交通 18 号线为例,在满足信号系统、行车组织、环控系统的情况下,研究得出列车区间运行速度 40 km/h;出入场限速 20 km/h,经过道岔区段限速 20 km/h,进、出车站限速 20 km/h。

（2）轨道交通有战争毁伤情况下的运行模式。重点分析了车辆基地被摧毁、控制中心被摧毁、地面主变电站被摧毁、高架与地面线路被摧毁等工况，并研究得出相应的结论，探讨跳站运行、分段运行、抢险抢修、车站与其他人防设施互联互通等措施的可行性，以尽可能保障轨道交通战时运行功能的发挥。

**4. 上海轨道交通设施改造与升级**

对既有线路的人防设施设备，通信、信号设施设备改造升级进行了研究，并探讨了新建线路防护能力升级设想和互联互通、防护单元设置、线路规划的研究，主要结论如下。

（1）既有线路的改造升级。针对不同建设时期的轨道交通线路，结合重要车站和重要线路的划分，研究进一步提升轨道交通防护能力的手段和措施。对轨道交通的区间人防隔断门、出入口部、风道口部进行改造；对于地下不设防的重要线路和车站，可根据各线路和车站的实际情况，研究改造方案以达到相应的抗力防护功能要求；对于位于地面以上的重要线路，可参考重要经济目标防护方法进行防护改造；对通信、信号设施设备改造升级以及保障等。

（2）重要设备设施地下化、补充建设通信系统设备。变电所、控制中心等作为列车战时运行的重要供电设备设施，目前较多设置在地面，其战时抗毁能力相对偏弱。在后续的变电所、控制中心规划及建设方案中，应考虑分析设置在地下的可行性，同时为了支持战时运行状态，建议提前在设防区域补充建设重要的中心级通信系统设备。

（3）轨道交通与周边互联互通。轨道交通建设时通过与周边的人防工程和人防通道合理连通，纳入人民防空体系。平时主要以交通功能为主，战时可作为人员的避灾避难场所，并可作为特殊情况下的战备等物资的运输通道。同时，轨道交通庞大的地下网络又加强了整个城市人防系统的连通性，从而提高了城市的总体防灾减灾能力。

（4）轨道交通防护单元设置。绝大部分的轨道交通均是"一站一区间"的防护单元设置，这样的防护单元设置方法存在一定的合理性，但也有待进一步分类细化。针对优化空间以及重要线路和车站设置，提出防护单元设置采取分类设置方法。

（5）轨道交通规划时考虑人防战备需要。新线路规划时应当充分考虑人防疏散基地建设等战备需求，合理选点和布局，统筹考虑平时交通运输和战时人员疏散、掩蔽功能，使轨道交通真正发挥平战结合的作用。对车站和线路选点和布局时，除应充分考虑平时城市发展、人口分布、交通组织等规划要素外，还应根据城市人防专业规划的要求，统筹考虑人口疏散和掩蔽等要素，做到地上与地下综合考虑，统筹安排。合理的布局可以实现轨道交通与人防工程的有效结合，进而优化整体布局。

# 附录 A　现代战争研究

## A1　军事变革形势分析

军事从属于政治,是实现政治目的的工具。然而,军事变革不完全受社会制度的制约,具有相对的客观独立性。尽管如此,军事变革的推进也可能受到各种因素的影响和制约,并不总是能够顺利进行。同时,社会改革有时会出现复辟的现象,而军事变革一旦启动,通常会在一定的条件下逐渐普及和推进,但也可能会遇到困难和挫折。顺应军事变革潮流,就能占领军事领域的制高点和战略主动权,则国防强、国家兴;滞后潮流,军队建设就会落伍,则国防弱、国家衰。

最早的冷兵器时代军事变革持续时间不少于 2000 年,热兵器时代的军事变革历经 800 多年,机械化兵器时代的军事变革大约 150 年。根据趋势,到 21 世纪中叶,新军事变革大体完成。世界新军事变革从 20 世纪 70 年代开始孕育,至今不过 50 年左右,就取得显著进展。例如,各种武器装备的信息含量大大提高,信息战专用装备大量问世,数字化部队和战场建设已初见成效等,发展速度是历次军事变革所无法比拟的。

蓬勃兴起的世界新军事变革浪潮,正显现出高新技术群推动、持续周期缩短、性质相对独立、发展失衡加剧、战争形态转型五大特征。军事领域里的变革始终离不开科学技术的突破和发展。新军事变革与以往的不同点,在于它的驱动力不是个别传统领域的单一技术进步,而是以信息技术为核心的微电子技术、新材料技术、新能源技术、航空航天技术、生物工程技术、微型制造技术等一批高新技术群的发展。

发展失衡加剧物质技术条件的发展变化,是军事变革的动因和基础。冷兵器、热兵器和机械化兵器时代的军事变革都是由物质技术条件占优势的国家或国家集团发起并主导的。新军事变革的"领头羊"是物质技术条件占绝对优势的美国,其年军费开支约占世界军费总额的 1/3。军事力量的不对称,致使目前乃至今后一段时期发生的战争,具有明显的非对称性特征。军事变革的直接和最终结果是导致战争形态的转变。新军事变革催生了信息化战争形态,体现出四大趋势,即信息化武器装备将成为军队作战能力的关键因素,非接触、非线式作战将成为重要作战方式,体系对抗将成为战场对抗的基本特征,太空将成为国际军事竞争新的战略制高点。

我国军队是世界处在机械化战争形态背景时建立起来的一支新型人民军队。我国国防和军队建设的立足点是在国土上实施积极防御,这决定了我军陆战型的军队结构模式。随着新军事变革的推进,我军的结构性矛盾变得十分突出。信息化战争形态对我军力量结构提出了三个方面要求:信息火力配套,多维力量一体和战略机动力增强。国际军事形势对我国的人防工程也进一步提出了加强体系化和信息化等整体防护的要求。

## A2  现代战争特征和作战模式

在新一轮科技革命、产业革命和军事革命的共同推动下,各类侦察、预警、指挥、控制、通信、导航、电子对抗等军事信息系统、信息化武器装备和精确制导弹药发展迅猛,在现代战争中发挥着越来越重要的作用,信息越来越成为作战制胜的主导性因素,信息化战争登上人类历史舞台。

信息化战争是指信息化军队在陆、海、空、天、信息、认知等多维战略空间,用信息化装备进行的、以信息和知识为主要作战力量的、附带的杀伤破坏大幅降低的战争。其特点是信息主导、网络聚能、体系对抗、联合防空、多维一体、立体防护等。

深入研究信息化条件下的人民防空面临的新变化、新特点、新发展,有利于更加全面地把握世界新军事变革的特点和趋势,为构建信息化条件下的人防综合防护体系提供有益借鉴。

### A2.1  现代信息化战争的特征

战争的时代特征取决于战争存在和发生的社会历史环境。信息化战争有以下六个特点。

**1. 战争工具——信息主导**

战争工具决定着战争形态,有什么样的战争工具,就会有什么样的战争形态。信息时代的战争工具主要是信息化武器装备,其主要特征是实现了武器装备的信息化、智能化和一体化。机械化战争主要强调数量和规模的累加,信息化战争则强调质量对效能的控制。传统战争主要通过火力摧毁来达成杀伤破坏的目的。信息化战争中,信息技术除对多种不同能量和武器装备相互融合外,还可对能量释放效能进行有效控制,控制的结果是打击更加精确,能够通过较少的能量释放获取极大的作战效果。因此,在战斗毁伤效能方面,不再强调装药量的多少,而是突出精确高效的原则。精确高效的度量指标是效费比。高效费比是指在战争中投入较少、效益较高,通常可达1∶10以上。要想达到这样的目的,必须提高武器的命中精度。

**2. 战争力量——整体凝聚**

信息化战争中,作为主要武器装备的C4KISR系统(美军现行指挥自动化系统的简称)、信息战装备、精确制导武器和信息化作战平台,通过全球信息栅格进行无缝连接之后,将形成全维度、全天时、全天候的一体化、实时化作战体系。在这样的作战体系中,传统战争中那种贪大、求全和追高的观念毫无意义,因为品种、规模、性能不再是提高作战效能的关键性要素,系统集成和横向一体化将成为最关键的要素。信息化战场是系统对抗的战场,拥有完善的信息化作战体系的一方能够控制作战手段,灵活选择目标并控制战争进程和节奏。

在机械化战争中,战争力量主要表现为物质力量。信息化战争中,智能和知识处于力量凝聚的核心和主导位置,战争力量的凝聚主要依靠信息控制。从力量要素来看,信息化武器装备成为主导性要素,传统的机械化作战平台地位下降。力量的凝聚,必须是在掌握控制权优势,尤其是在夺取并控制信息优势和空天优势的前提下进行的。只有这样,才能确保在准确的时间,把所需的力量准确地调整和机动到准确的地点和方向,对目标进行精确打击。

**3. 战争时空——多维一体**

冷兵器战争和热兵器战争都是在平面单维空间内进行的战争。机械化战争不断向空中、海洋、水下、太空和电磁空间拓展。信息化战争仍然需要分别控制权,各军兵种仍可继续主宰各自传统的作战空间。不同的是,在时间、空间和力量诸要素之间,必须统一标准,实现互联、互通、互操作,最终形成一个相互融合的体系。这样一个横向一体化的网络体系建立起来之后,陆海空天电等相互分离的作战空间将成为一个多维一体的作战空间。在这个全维空间内,战场是流动的,信息是实时的,时间、空间和力量等诸要素是融合的,力量的运用将非常灵活且可调、可控。

**4. 战争实施——精确打击**

精确制导武器具备三种能力:一是自主攻击能力,即发射后不再管控,自动寻找并摧毁目标。二是实时攻击能力,即从发现目标到打击目标实现一体化,武器反应时间趋于实时。三是防区外发射能力,即作战平台可远离威胁区使用武器,既能准确打击目标,又可实现自我防护。

**5. 战争保障——保障种类**

一是精确保障。信息化战争中,侧重于智力、知识、信息、网络的综合保障,在此基础上加强对保障要素的融合与控制。

二是多维保障。传统战争中,战场建设和战争动员是战争力量的重要组成部分。在信息化战争全维保障的情况下,战场建设将更具备军民两用特征,而且平时和战时必须实现快速转换。随着战争持续时间急剧缩短,应强调快速动员,重视信息动员,突出预储预置,以满足战争对快速保障的需求。

三是社会化保障。信息化战争中,更加强调质量效能,质量表现为知识,效能表现为控制,数量和规模依然重要,但将是有知识、能控制的数量和规模。保障力量表现为信息化保障,即软件设计、网络控制、信息资源、装备维修等。

#### 6. 战争制胜——人机融合

信息化战争中,人的智能与武器的性能融为一体,赋予武器以智慧和灵性。信息化武器装备是具有人工智能、会思考、能判断,可以自动发现、识别和打击目标的机器人武器。

全球信息栅格建成之后,在战役战术层面将实现自动化实时指挥,人工干预、边想边干的指挥模式越来越少。指挥艺术和军事谋略在很大程度上表现在战前的作战运筹和战中的战略性交战方面,甚至被融入人机交互系统、专家知识库系统和武器智能制导系统中。因此,指挥层次越来越少,指挥效能越来越高,呈现实时化、扁平化、一体化特征。战略指挥员直接指挥到单兵、单舰、单机的现象越来越普遍,战略性战斗将成为信息化战争的主要作战样式。

### A2.2 现代信息化战争的作战样式

最能体现信息化战争特征的作战样式主要有信息战、网络中心战、电子战、舆论战、心理战、精确战、特种战、太空战等。其中威胁最大的是精确制导武器突然、准确地毁伤目标的精确战。精确制导武器打击已成为现代战争的主要攻击样式。

#### 1. 信息战

信息战指敌对双方在信息领域的对抗活动。主要是通过争夺信息资源,掌握信息的生产、传递、处理等主动权,破坏敌方信息传输,为遏制或打赢战争创造有利条件。信息战的要点是"一个前提""两个手段"和"一个目标"。"一个前提"是指利用现代信息技术,"两个手段"是指保护己方的信息和信息系统,攻击敌方的信息和信息系统,"一个目标"是指夺取与保持信息优势。

信息战产生于人类文明由工业时代向信息时代的转型期,是随着社会信息化和军事信息化而出现的一种崭新的作战样式。信息战包括信息进攻和信息防御。信息进攻就是充分利用各种信息技术手段,通过信息封锁、信息欺骗、信息干扰、信息污染、信息摧毁等方式,影响和削弱对方的信息作战能力。信息防御是采用信息保密、信息防护等方法,保护己方的信息、信息系统、信息作战能力不受对方信息进攻影响。军事发达国家正在大力发展信息战进攻与防御装备和手段,主要有计算机病毒武器、高能电磁脉冲武器、微米(纳米)机器人、网络嗅探和信息攻击技术及信息战黑客组织等。

#### 2. 网络中心战

网络中心战的概念是由美国国防部于2001年7月提出的。美军把发展网络中心战能力作为《2020联合构想》(*Joint Vision 2020*)提出的夺取信息优势和决策优势、实现军队转型、提高联合作战能力的主要手段。

网络中心战是利用通信系统和计算机系统组成信息栅网,把地理上分散部署在陆海空天的各种侦察探测系统、指挥控制系统和打击武器系统有机地、一体化地连接起来,形成快速反应的、统一高效的作战体系,通过信息优势达成先敌行动,作战行动近乎实时,联合作战效能得到极大的提高。

从结构模块来说,它是以计算机系统为核心的高度智能化的综合网络,由信息栅网、传感器网和交战网三部分组成。信息栅网是由各种通信渠道、计算机和信息自我管理设备等组成的永久型物理网络,是实施网络中心战的核心基础设施;传感器网由分布在陆海空天的各类专用侦察设备和各种武器平台上的嵌入式侦察设备以及情报中心等构成,是依托于信息栅网的动态组合的网络;交战网是由分布在陆海空天的各类火力打击武器与电子战、病毒战等软杀伤武器等组成。依托信息栅网,可实现传感器网与交战网的互联互通,传感器、决策者和打击武器的有机结合,使分散配置的部队共同感知战场态势,实时决策、实时行动,对预定的目标达成集中、精确的火力打击和信息攻击效果,从而发挥最大的作战效能。

### 3. 电子战

电子战是指为削弱、破坏敌方电子设备的使用效能和保护己方电子设备正常发挥效能而采取的措施和行动,又称"电子对抗"或"电子斗争"。主要包括电子侦察、电子进攻和电子防御三部分。

电子战的主要特点是:①主要采用"软杀伤"手段。其实质是敌对双方争夺电磁频谱的有效使用权,即制电磁权的斗争。②电子战在作战过程中时间性强,几乎影响到所有作战行动。③电子战手段的重复有效性低。一种干扰往往只对某一种电子设备有效,一种反干扰措施往往只对抗某一种干扰。④连续性。电子对抗不仅在战时,而且在平时也在激烈地进行着,其平时的主要形式是电子对抗侦察和反电子侦察。⑤广泛性。电子战已渗透到陆战、空战、海战的各个领域,并向外层空间扩展。

### 4. 舆论战

人类战争史上,新闻舆论的地位和作用早被人们所认识。

舆论战有广义与狭义之分。广义的舆论战,是指围绕国家发展战略、安全战略,以综合国力为基础,通过系统运用传播学、舆论学、心理学等学科原理,利用各种传媒,有针对性地进行信息渗透,从而影响公众信念、意见、情绪和态度,有效控制舆论态势,争取舆论强势的政治战样式。狭义的舆论战,一般是指战时新闻舆论战,即交战各方综合运用报纸、广播、电视、网络等新闻传媒,有计划、有针对性地向受众传输有利于己方作战的信息,达到鼓舞己方军民的战斗热情,瓦解敌方的战斗意志,引导国际舆论,争取广泛支持的目的。

舆论战有三个特征。首先,舆论战是为实现一定的政治、军事、经济利益服务的。其次,舆论战是通过信息作用于人的认知系统而实现作战功能的。最后,舆论战是大众传媒。大众传媒的公开性、辐射面的广泛性、强渗透力、强负载力,以及高度的大众可信程度,为舆论战的展开提供了空前广阔的平台。

舆论战具有瓦解敌对国家军民的意志、有效打击敌方士气的作用。伊拉克战争中,美国国防部官员曾明确表示,真刀真枪的战斗只占25%,其余75%的任务是争取伊拉克人民的合作,而要完成这项不同寻常的任务,必须靠新闻舆论。伊拉克战争中,交战双方依托新闻媒体展开一系列舆论引导措施,使人们清晰地认识到舆论战的"杀伤力"。

**5. 心理战**

心理战是指在战争中应用心理学原理,通过多种手段对人的心理(情绪、情感、意志、观念和信仰)施加刺激和影响,促使战争向着有利己方而不利于敌方发展的作战样式。

**6. 精确战**

精确战是指使用精确制导武器打击敌方目标的作战行动。精确战的目的是充分发挥精确制导武器的威力,突然、准确地毁伤敌方目标,增强作战效果。精确战具有机动灵活、隐蔽突然、毁伤力强、效费比高和附带杀伤小等优点。美军在海湾战争中使用的精确制导弹药只占8%,科索沃战争中上升为35%,阿富汗战争中则高达56%,伊拉克战争更是达到了68%。

随着精确制导武器种类的增多和性能的提高,精确战将在超视距、全天候、多模式、智能化等方面得到进一步发展,既能对敌重要目标实施"外科手术式"打击,也能对战场全空间威胁己方的各种目标予以多点、同时、连续的打击。

精确制导武器打击(简称"精确打击")是使用精确制导武器对敌目标实施的攻击。它以准确打击敌方的核心力量,彻底摧毁对方的战争基础和潜力,迅速取得决胜权并相应减少战争损耗和附带损伤为目的。

精确打击的基本内容:一是精确侦察定位。精确打击依赖于对预定目标的精确定位。二是精确火力打击。精确火力打击是精确打击的核心内容,精确侦察定位、精确效能评估等都是为精确火力打击服务的。三是精确效能评估。精确评估打击效果,是美军精确打击的重要一环。

精确打击的发展趋势:一是在兵器使用上,由驾驶飞机攻击为主向以中远程导弹、无人机攻击为主转变。二是在目标选择上,由消灭有生力量为主向摧毁信息和指挥系统为主转变。三是在打击手段上,由注重火力打击向以信息为主导的"防区外"打击转变。

精确打击已发展成为战争的主要作战样式,从而使远程、超视距、非接触性作战成为现实。精确打击是信息化条件下的新作战理念和方式,以精确制导武器为主导的精确打击已成为信息化战争发展的必然趋势。

精确打击技术呈现以下特点。

(1) 打击精度高。精确制导武器的命中概率高。战役战术制导弹药的命中精度,近程已达 $0.1\sim 1\,m$,中程小于 $10\,m$,远程为 $10\sim 15\,m$。作战效益提高 $100\sim 1\,000$ 倍,效费比提高 $30\sim 40$ 倍。

附录 A　现代战争研究

(2) 杀伤威力大。研究表明，对大多数目标而言，1 枚精确制导武器等于 35～40 枚非制导武器的效果。

(3) 可实施远程精确打击。精确制导武器和非精确制导武器相比，具有完全不同的射程和精度概念。

(4) 总体效能高。精确制导武器常用于攻击高价值的重要目标，具有较高的作战效益。

**7. 特种战**

特种战是指担负特殊作战任务的战斗行动。特种战是由特殊编组、训练及装备的军事和准军事部队，运用一些特殊的手段，来达到军事、政治、经济或心理目标的行动。政治、军事因素常常制约着特种战的形式，需要在国家的监督下利用秘密和隐蔽的方法来达到目的。特种战在风险程度、战法和部队使用方式上均不同于常规作战，它基本上不需要友军的支援，而主要依靠作战情报和当地资源来完成特定的作战任务。

**8. 太空战**

太空战是指利用天基武器系统，以争夺制天权为目的的作战行动，是以地球的外层空间为战场所进行的攻与防的作战。它既包括作战双方天基武器系统之间的格斗，也包括天基武器系统对地面和空中目标的打击以及从地面对天基系统发动的攻击。其目的就是剥夺对方对太空的使用权。

## A2.3　现代信息化战争中的毁伤及威胁

### A2.3.1　电磁毁伤

从工程防护角度看，网电空间中的对抗主要包括电磁毁伤、信息攻击等行为。这里，电磁毁伤指在电磁空间环境中展开的对抗行为，人为地发射或转发某种电磁波，或者用某些器材反射或吸收电磁波，以扰乱、欺骗敌人的电子设备，降低其效能或使之失效。

信息化条件下作战指挥信息系统对作战指挥乃至整个作战行动产生重大影响和制约作用。指挥信息系统主要依靠电子设备和计算机网络实现系统的功能。未来空袭作战中，强敌将实施贯穿作战各个阶段的电磁攻击行动，严重影响指挥机构功能的发挥。

首先，宽频段大功率电磁干扰影响信息系统功能发挥。信息化条件下的作战中，指挥活动要求及时、稳定、高效的信息接收与处理。随着电子干扰机功率普遍增大，电子干扰作用距离更远、范围更广、频段更宽，能够对指挥信息系统中的无线通信网等进行有效干扰。将多种功能单一的干扰设备综合运用，可以覆盖微波、红外和激光的全部频率范围。

其次，电磁武器造成的毁伤严重威胁指挥信息系统的正常运行。信息化条件下指挥信息系统成为作战指挥不可或缺的重要手段。指挥机构离开了计算机网络和电子设备等构成的信息系统，指挥功能将无法发挥。电磁武器能够使任何受到照射的计算机网络、通信等电子设备产生性能紊乱、元件烧毁等毁伤效应。而指挥信息系统内大多数元件在百分之几焦耳能量的作用下,就会出现电路混乱、逻辑错乱,甚至系统瘫痪、硬件损毁等现象。

### A2.3.2 核生化武器威胁

近年来,世界局部冲突日益加剧,随着朝鲜半岛核问题、伊朗核问题的出现,核扩散再次成为各国安全议程的首要问题。

缔结了一系列防扩散公约后,世界上仍有数十个国家正在发展核生化武器。近几年,亚洲地区的核生化武器扩散形势令人担忧。例如,印度进行地下核试验,并装备了远程导弹;巴基斯坦进行核试验;朝鲜发展核武器,并储备大量毒剂;韩国宣布拥有化学武器;日本是一个潜在的核化大国。我国周边的核生化武器扩散日趋严重,核生化威胁呈现多样化、多方位的特点。面对新型核生化的威胁,人防工程防护必须做好应对对方使用核生化武器的准备。

与20世纪相比,21世纪上半叶全球面临的核生化威胁呈多样化趋势,既有传统威胁,如核生化战事、核生化威慑,也有非传统威胁,如核生化扩散、核生化恐怖、次生核生化灾害、核生化工业事故、生物疫病等,即核生化威胁的常规化发展。所有核生化威胁都具有大规模伤害人生命和破坏环境的效应,是现代国家安全的重大忧患。

未来战争中使用核生化武器的可能性依然存在,并可能出现两个变化。一是生化武器由战术使用、战役使用向战略使用转变,生化武器将作为对敌战略后方进行警告、威慑、骚扰的工具;核武器则由战略使用向战术使用转变,核武器将用于完成一些常规武器难以解决的战术任务,如攻击地下坚固堡垒等。二是运载工具和方式的变化。随着远距离精确制导武器技术的发展,未来核生化武器的战场使用将主要采取导弹发射的方式。

目前,各国纷纷重视核武器的小型化发展,其目的是将"核威慑"转变为"实用工具"。与战略核武器相比,小型战术核武器具有以下优点。

(1) 杀伤人员少。小型核武器以精确定点打击作为主要作战方式,打击的目标主要是军事相关设施,降低了战争的残酷性。

(2) 可以减小由于偶然因素和失误造成的战争危机。

(3) 小型核武器和战略核武器相辅相成。

目前,美国、法国、俄罗斯等研究的核武器已从第三代向第四代发展。第三代核武器是指效应经过"剪裁"或"增强"的核弹;而第四代核武器则不产生剩余核辐射,没有放射性沾染等核污染,从而可作为"常规武器"使用。一旦研制成功,将彻底降低核武器使用的门槛。核战争可能离我们越来越近了。

## A3 城市在战时面临的威胁及灾害分析

### A3.1 城市空袭威胁分析

现代战争中,空袭和反空袭成为主要作战样式,作战目标从消灭人员、装备等作战力量转为对战争潜力的摧毁。城市不仅是国民经济的基石,而且是战争实力和潜力的聚集中心,有重要的战略价值。因此,城市将是未来高技术局部战争的主战场。城市集中或组团式分布在地表上,不易移动,因此对城市目标采取空中打击,特别是使用地形匹配制导或全球定位,精确打击是最佳手段、最佳选择,最容易达到战争目的。

我国仍处于发展的重要战略机遇期,但面临着多元复杂的安全威胁与挑战,存在着诸多不安全因素,维护国家主权、安全、发展利益的任务艰巨繁重。未来我国面临的信息化局部战争作战对象多元,主要行动通常是在核、化学、生物武器以及次生核、化学、生物危害的威胁条件下进行。

#### A3.1.1 安全形势分析

当前,我国政治局势稳定,经济中高速发展,国际地位提高,处于一个大有作为的战略机遇期。同时,一些不确定、不安全因素依然存在,某些问题比以前更加突出,从而使城市安全面临严峻挑战。

#### A3.1.2 城市空袭特点

**1. 空袭作战成为战争主要作战样式**

战略空袭作为战略性军事行动,已经被广泛应用于近期局部战争。海湾战争和科索沃战争是20世纪90年代以来两场较大规模的局部战争。这两场战争清楚表明,现代战略空袭可以单独摧毁对方的军事实力和战争潜力,可以给地面作战创造速战速决的有利条件,可以达成有限的军事目的。在某些情况下,甚至可以通过空袭最终结束战争。因此,空袭作战将成为21世纪高技术战争的主要作战样式。

**2. 重要经济目标成为空袭主要目标**

重要经济目标既是国家现代化程度的标志,也是战争潜力的源泉,更是国家和战争机器运转的支柱。因此,重要经济目标成为空袭重点打击的目标。按照指导空袭的"五环"目标理论,重要经济目标在打击目标清单中仅次于国家指挥中心。科索沃战争中,北约摧毁了南斯拉夫联盟共和国(简称"南联盟")的2 000多个重要目标,其中,重要经济目标几乎都作为重要目标被打击。

**3. 大量使用精确制导等高技术兵器以及信息战武器**

随着空袭兵器的发展,各种高性能作战飞机、精确制导武器都将应用于高技术局部战争。这将对政治、军事、经济目标构成极大威胁。此外,采用微波炸弹、计算机病毒武器等信息战武器攻击敌信息系统,影响和破坏敌指挥中心和决策机构,使敌政治、军事、经济机构瘫痪,其作用不亚于大规模杀伤性武器。

**4. 人防设施不是敌打击的重点**

据北约统计,科索沃战争中,轰炸使南联盟的弹药生产能力、炼油能力严重下降甚至丧失,造成39%的广播电视转播站线路瘫痪或严重损毁。至战争结束,南联盟70%的桥梁、100%的炼油能力和50%的动力系统,50多座桥梁、12条铁路干线、5条公路干线、5个民用机场、20多家医院和数十家大工厂及广播电视台、转播站被摧毁。北约还使用石墨炸弹轰炸多座变电站、热电厂、水电站,致使贝尔格莱德等数座城市断电而陷入黑暗。轰炸造成的经济损失估计超过2 000亿美元,战后重建至少需要5~10年。另据报道,有462名军人、114名警察部队人员在空袭中死亡。至少1 800名无辜平民在空袭中丧生,6 000多人受伤,近100万人沦为难民,但人防设施几乎没有受到打击。海湾战争中,只有1处人防设施遭到误炸而造成人员伤亡。

## A3.2 空袭对城市可能造成的灾害分析

当前,信息化战争的空袭目标、方式、手段和突袭方向等都发生了很大变化。空袭规模、威力和强度与以往相比都显著增强。使用不同种类的武器"基于效果打击",会产生不同的、有针对性的毁伤效果。信息化战争中的空袭对城市可能造成的灾害不同于以往的战争(表A-1)。

表 A-1 空袭对城市可能造成的灾害

| 灾害类型 | | 灾害程度 |
|---|---|---|
| 人员伤亡 | | 4 |
| 火灾 | | 4 |
| 建筑物倒塌 | | 3 |
| 通信中断 | | 3 |
| 交通中断 | | 3 |
| 生命线系统 | 供电中断 | 2 |
| | 供水中断 | 2 |
| | 排水阻断 | 2 |
| | 供暖中断 | 2 |
| | 燃气中断 | 2 |

(续表)

| 灾害类型 | | 灾害程度 |
|---|---|---|
| 信息网络瘫痪 | 银行金融网络 | 2 |
| | 政府信息网络 | 2 |
| | 自动控制网络 | 2 |
| | 互联网 | 2 |
| 设施设备损毁 | | 1 |
| 未爆炸弹 | | 1 |
| 洪水泛滥 | | 1 |
| 疫情 | | 1 |

注：灾害程度为1——一般；2—较重；3—严重；4—特别严重。

自海湾战争以来，由于战争中民众和人权受到国际法的保护，战争中经济目标，特别是关系国计民生的重要经济目标和城市基础设施遭受破坏的程度明显增大，毁伤后果严重，恢复城市功能和应急救援的任务将十分艰巨，而且技术复杂、环境恶劣、危险性大、时效性强。因此，战时城市基本功能防护和积极组织群众消除空袭后果，对于保持社会稳定、保存战争潜力将产生重大影响。

## A3.3 城市其他威胁分析

信息化条件下的城市重要目标，在作战空间上将面临陆海空天电多维一体的威胁；在威胁方式上将受到侦察监视、火力打击以及信息攻击的威胁。同时，城市核打击的威胁并不能排除。

从当前城市人防工程可能面临的威胁来看，机械化战争时代的防护措施大部分还可以发挥应有的作用，如防护结构措施、抗爆措施、密闭消防措施等。但必须认清信息化条件下的人防工程，特别是重要经济目标面临威胁的新发展、新挑战，主要表现在侦察监视、精确打击、电磁毁伤、新概念武器袭击等方面。

### A3.3.1 侦察监视威胁

信息化条件下的空袭作战，战场侦察监视范围从传统的可见光，发展到紫外线、红外线、微波、声波等谱段。综合的侦察手段提高了侦察监视的精确度和时效性，使未来战场趋于透明化，也使人防隐蔽伪装更加困难。

一是侦察监视手段综合运用。综合运用各种侦察监视器材对同一地区实施观测，从不同途径获取目标信息，使得对目标的判断更为准确。太空中飞驰的各种各样的侦察卫星、空中布满的各类侦察机能够通过各种频段获取相关信息。城市人防工程的隐蔽伪装，在多种侦察监视手段综合运用的情况下显得十分困难。

二是侦察监视装备精确度高。目前各类侦察监视系统的分辨能力在不断提高。在所有的侦察手段中，可见光侦察具有最高的分辨能力。目前，美军 KH-12 成像侦察卫星在 160 km 高空拍摄地面目标分辨率可达 0.1 m，完全可以分辨地面车辆、火炮等一般战术目标；热成像仪的空间分辨率已大大提高，温度分辨率可达 0.1℃。多谱段综合侦察是用工作在不同谱段的探测器同时对同一目标进行侦察，得到目标在可见光、红外、微波等不同谱段的信息，多传感器系统利用这些互补的信息能探测到不同环境中的目标，并通过数据融合技术将各种传感器的数据进行综合分析，极大地提高侦察系统识别目标的能力。城市人防工程在越来越精确的侦察装备面前，要想完全不被发现是十分困难的。

三是侦察监视连续性强。侦察监视的连续性主要靠侦察器材的多谱化来实现。目前，侦察监视器材大多都能实施 24 h 不间断的侦察监视，加之各种侦察器材的综合使用，使得全天候工作的能力更强，诸如城市人防工程等重要目标可能每时每刻都处在对方的侦察监视之下。

### A3.3.2 精确打击威胁

信息化条件下的联合作战中，精确制导弹药将取代常规弹药。精确打击平台可来自陆海空等多维空间，对城市重要目标人防工程的生存威胁是前所未有的。

一是精确制导武器打击范围远。精确打击的远程化使得发射平台的部署更加灵活，可以从作战地域的各方向进行部署。信息化条件下的战场前沿到纵深都在敌精确打击范围内，使城市人防工程面临来自不同方向的精确制导武器的打击。伊拉克战争中，"战斧"巡航导弹就是从海上远程发射的精确制导武器。

二是精确制导武器打击精度高。随着精确制导武器抗干扰能力的增强，定位精度和隐形化程度的提高，打击更加精确。为了提高制导精度，美军还将卫星制导与其他制导方式结合起来，形成复合制导。如，采用复合制导的"铺路-1"型激光制导炸弹圆概率偏差为 3 m，其改进型"铺路-2"圆概率偏差为 1～2 m，"铺路-3"型则仅为 1 m。随着信息技术的不断发展，精确制导武器的精度还会提高。在如此高精度武器的打击下，城市重要目标的生存将会受到极大的威胁。

三是精确制导武器毁伤威力大。精确制导武器的破坏威力大主要表现为爆炸当量大和侵彻能力强。在伊拉克战争中，美军使用了 BLU-82 炸弹，重达 6.8 t，爆炸时形成直径为 150～200 m 的真空杀伤区，对人员的杀伤半径可达 600 m，在半径 100～270 m 范围内可大量摧毁敌方装备。未来战场上纵深精确打击的火力强度将日益提高，对重要目标一定范围内的外围设施具有很强的毁伤作用，产生的次生灾害对重要目标附近人民生命财产造成巨大的威胁。

四是制导技术的发展使部分诱骗措施已经失灵。随着先进的红外凝视成像制导技术的运用,使用在铁板下烧火堆这种诱饵装置来诱骗红外制导导弹的方法已经过时。当敌方导弹来袭时,如何采用信息化的手段快速预警、快速发射电子诱饵、快速施放烟幕(箔条)等手段干扰和诱偏敌方导弹,保护关键目标的安全,已成为城市人防工程防护面临的紧迫难题。

### A3.3.3 电磁毁伤威胁

信息化条件下信息系统受限对作战行动产生了重大影响和制约作用。人防信息系统主要依靠电子设备和计算机网络实现系统功能。未来空袭作战中,强敌将实施贯穿作战各个阶段的电磁攻击行动,严重影响人防各个机构功能的发挥。

### A3.3.4 新概念武器袭击

随着科学技术的不断发展,新概念武器将不断出现。目前,正在发展中的新概念武器主要有激光武器、高功率微波武器、粒子束武器、基因武器和气象武器等。

### A3.3.5 核化生武器威胁

核武器、化学武器和生物武器都属于大规模杀伤性武器。但因其在作战中能够出"奇效",进而迅速改变作战态势,现代战争中对其难以割舍。为冲破《全面禁止核试验条约》《禁止生物武器公约》《禁止化学武器公约》等限制,新型核化生武器的研制将更加隐蔽,其内涵和品种发生了重大变化。如,核剪裁效应弹(又称核定向能武器)能根据需要增强某种核爆炸效应或使核爆炸能量定向发射,当量相对较低,小型化程度高,实战化强。未来防空袭作战中核化生威胁有所降低,但新式威胁依然长期存在。因此,新型核化生威胁仍是工程防护必须面对的一个重要现实问题。

# 附录 B 上海人防、轨道交通现状与规划

## B1 上海人防及轨道交通现状

### B1.1 上海人防"十三五"规划实施情况

**1. 人防组织指挥体系不断增强**

上海人防组织指挥能力明显提升,通信警报建设有序推进,重要经济目标防护工作得到加强,应急避难场所和人防疏散地域(基地)建设成效显著,建成117个等级应急避难场所,人防训练演练和人防专业队伍建设管理扎实有效。

**2. 防护工程体系不断完善**

人防工程建设持续稳步增长。防护工程体系得到优化调整。编制完成人防工程与地下空间成片联网统筹规划的指导意见和技术导则,落实轨道交通兼顾设防技术要求。人防工程管理得到加强。完成人防运行管理监管平台建设,退出序列人防工程,完成隐患治理。

**3. 民众防护宣传教育不断深化**

人防宣传教育机制逐步巩固。实现本市所有街镇、居(村)委人防宣传教育培训全覆盖,1 600所中小学校基本普及人防知识教育。人防宣传教育基础设施不断完善。全市已建、在建人防宣传教育培训场馆基地36个。

**4. 人防法治建设深入推进**

立法和重大政策研究得到加强。制定、修订规范性文件30余个,印发《关于深入推进本市人民防空改革发展的实施意见》。不断规范权力运行、重大行政决策。编制人防行政权力清单和责任清单,推进依法决策、科学决策和民主决策。人防行政执法工作不断强化。办理处罚案件400余起,印发人防系统全国首个《民防领域市场轻微违法违规行为免罚清单》。

**5. 人防改革创新成效显著**

深化"放管服"改革。推进国家级人防改革试验区改革创新,出台人防领域优化营商环境15条改革措施。强化人防科技创新。对接城市治理"一网统管",在用人防工程安全使用管理、人防特种救援应急处置两个场景纳入城市精细化管理范围。完成人防行业专

项整治,推进人防行业健康有序发展。

### B1.2 上海轨道交通现状

1993年5月28日,上海轨道交通1号线徐家汇站到锦江乐园站6.6 km建成通车,实现了上海轨道交通零的突破。2021年,上海市成为世界首个轨道交通里程突破800 km的城市,网络规模领跑全球。

回首上海轨道交通30年的发展历程,上海轨道交通从外国专家断言的"豆腐里打洞"到如今全球第一的网络规模,从一条单线织就一张城市轨道交通巨网,运营线路达20条(含磁浮线),全网络运营里程831 km,运营车站508座,创造了世界轨道交通建设发展史上的奇迹。

## B2 上海人防及轨道交通规划

### B2.1 上海人防"十四五"发展趋势

"十四五"时期,是上海人防实现转型升级和高质量发展的关键期,要科学研判时与势、辩证把握危与机,准确识变、科学应变、主动求变。贯彻总体国家安全观对人防军事斗争准备的新任务。

人民防空作为总体国家安全观和国防安全的重要组成部分,地位和作用日益凸显。上海市地处东南沿海,人口密集,资源要素集聚,事关国计民生的重要经济目标多,作为国家重点人防城市,人民防空必须立足复杂困难局面,拓展深化人防军事斗争准备。

国家治理体系和治理能力现代化对推进人防治理体系和治理效能提出新要求。充分认识人防治理的核心关键是社会组织和动员,推进人防治理体系重构、方式改进、模式创新。树立底线思维,加强人防工程安全使用管理,守牢安全底线。加强人防制度体系建设,加快形成内容完备、程序规范、管理健全的人防制度体系。按照韧性城市要求,优化人防治理,提高精细化管理水平,实现安全可持续发展。

"人民城市人民建,人民城市为人民"重要理念对人民防空履行平时服务经济社会发展提出新需求。坚持以人民为中心的发展思想,在人防忠诚履行职责使命的责任担当之中、在长三角一体化城市群防护的时代背景之中、在城市防护与重要经济目标防护并重的整体要求之中、在彰显人民防空人民属性的社会治理和社会动员视角之中,思考谋划人防改革发展,实现战备效益、社会效益、经济效益的统一。

## B2.2 上海人防"十四五"重点建设任务

**1. 坚持规划引领,推进各类规划落地实施**

1) 构建人防规划体系

建立以人防建设发展规划为统领,以人防专业规划为基础的人防规划体系。

2) 编制市、区两级人防专业规划

编制完成市、区两级人民防空建设专业规划,明确建设布局、功能指标等,落实指挥通信体系、防空警报、应急避难场所和人口疏散基地等规划建设要求,相关内容纳入各层次国土空间规划。

**2. 深化以战引建,健全人防组织指挥体系**

1) 落实人防指挥机构和方案建设

建立权责明晰、要素齐全、权威精干的人防指挥机构。

2) 加强人防训练演练

全面加强按纲施训,建立年度训练计划,提升人防实战能力。

3) 强化人防指挥场所建设管理

优化人防指挥控制系统、值班呼点系统等。加强人防指挥场所管理,完善管理标准和要求。完善人防指挥信息系统和警报系统。建立多网融合的通信保障系统。

4) 推进人防疏散基地和应急避难场所建设

制定应急避难场所的建设管理配套政策,完善协同工作机制,推进应急避难场所融合式建设、标准化嵌入、功能性叠加、多灾种防御。将应急避难场所建设纳入大中小学校、公园绿地、大型场馆、大型公共空间等新建和改建项目。分类推进等级应急避难场所和社区避难场所建设。到2025年,全市建有等级应急避难场所面积1 240万 $m^2$、社区应急避难场所面积2 880万 $m^2$;人均应急避难场所面积1.5 $m^2$ 以上。

**3. 贯彻平战结合,优化防护工程建设管理**

1) 加大人防工程建设力度

优化人防工程布局,完善中心城区、五个新城以及人口密集区、商业繁华区、重要经济目标毗邻区的人防工程配置。在新城、大型居住社区、成片出让土地开发区域以及产业园区建设中,统筹推进人防工程集约建设。在五个新城落实人防工程同步规划、同步建设。其中,南汇新城所在的临港新片区建设战时服务市域东南方向的医院人防工程(一等医疗救护工程)、指挥所等;其他四个新城参照南汇新城,高于一般区域配建标准,统筹规划并优先落实建设项目。加大骨干工程建设力度,在医疗卫生设施、重要经济目标项目中,同步建设人防医疗救护工程和防空专业队工程。探索人防工程建设投融资改革政策措施,创新市场化机制,吸引社会资金参与人防工程建设。新建上海市疾控中心人防工程、第二中级人民法院综合业务用房人防工程、嘉定区人防指挥所等项目,续建普陀区智创城中央公共绿地人防工程、徐汇区华石路公共绿地人防工程和第三中级人民法院、上海市人民检察院第三分院、上海金融法院综合业务用房人防工程等项目。

**2) 提升人防工程战时防护功能**

完善人防工程平战转换技术规范和标准要求,建立平战转换工作数据库,探索平战转换组织流程、转换内容、计算标准、物资保障、实施形式等,建立常态运行机制。结合地铁、市政基础设施建设,落实兼顾设防要求。新建人防工程防护设施设备同步设计、同步安装,既有工程要结合开发利用,落实信息化要求。

**3) 加强人防工程日常管理**

充分利用现代信息技术和建筑信息模型技术,提升人防工程管理水平。建立健全上海市公用人防工程安全管理标准化体系。完善老旧人防工程安全动态监控、检测评估及退出管理机制。加强人防工程精细化管理,推行人防工程分类分级监管,并加大执法检查力度。完善人防工程使用管理规定,落实属地化管理责任。人防、房管部门加强研究,制定住宅小区人防工程维修养护的政策措施,明确责任主体,落实维修养护资金。

**4. 突出防护重点,抓实重要经济目标防护**

**1) 完善重要经济目标防护工作机制**

健全军政共管、政府主导、部门监督、属地管理、单位落实的工作机制。

**2) 健全重要经济目标防护制度标准**

落实行业管理、属地管理和目标单位责任,探索建立重要经济目标防护会商机制,开展项目化试点建设。落实重要经济目标防护措施。建立目录清单,动态调整重要经济目标数据库。

**5. 对标实战需求,加强人防专业队伍建设**

**1) 加强人防专业队伍整组训练**

加强人防专业队建设管理,明确队伍组织、训练、管理、保障等要求。推进整组点验、训练演练常态化。推进市、区人防救援行动协同,人防专业队伍与社会救援力量合作,本市救援力量与长三角区域人防救援力量一体联动,发挥救援的最大效用。

**2) 提升人防应急支援能力**

抓好特救、化救队伍职能任务调整、转型、重组,推动纳入城市应急救援队伍网络,积极参与城市灾害事故应急救援行动。围绕应急救援和重大活动安保任务,进一步规范救援队伍接处警要领和应急处突救援处置流程,加强应急救援实战化训练场所设施建设,保持防护救援队伍应战良好状态。推进人防应急物资储备能力建设。

**3) 加强防护救援志愿者和社区人防志愿者队伍建设**

在成立人防防护救援志愿服务总队的基础上,不断完善防护救援团队服务管理机制,加强"一区一品牌"特色专业救援力量建设。深入开展人防防护救援志愿服务,动员、引导社工参与社区志愿服务,推进志愿服务与防护救援相结合,人防治理与社会参与相衔接。

### 6. 秉持开放发展,不断提升社会动员能力

#### 1) 发挥军地共同领导、齐抓共管优势

坚持人民防空军政共同领导管理体制,市、区、街镇人民防空工作机构各负其责。加强基层人民防空组织机构建设,推进街镇落实人民防空工作。社区配合做好人民防空知识宣传普及、人防工程巡查、防空警报设施日常维护管理等工作。突出政府职能,强化部门协同,完善人防军事斗争准备检查评估标准,加强考核评估。

#### 2) 加强宣传教育,引导公众参与

深入推进人防宣传教育进社区、进学校、进企业、进党校、进机关、进网络"六进"工作。制定进一步加强学校人防知识教育工作的实施意见,完善学校人防知识教育资源体系。制定进一步加强上海市社区人防工作的意见,打通社区人防"最后一公里"。整合各类宣传教育资源,在"全民国防教育日""防灾减灾日"等重要时点,开展人防集中宣传教育系列活动。探索社会多元参与机制,动员社会组织、公益机构、社区人防志愿者、社会工作者参与人防建设。探索建立新型人防文化宣传场所,在相关人防工程整治改造项目中嵌入人防文化。

### 7. 聚力创新驱动,实施科技铸盾强防工程

#### 1) 加强数字人防建设

推进人防治理数字化转型,统筹战时和平时需求,完善顶层设计,深化数据结构,逐步推进落实。完善人防信息化基础框架,抓好业务系统整合优化和数据融合。完善数字化功能,对接"一网统管""一网通办",推进人防信息平台建设,实现资源共享。落实信息化建设方案,依托科技资源,推动技术应用。

#### 2) 深化政务服务"一网通办"

围绕"高效办成一件事",进一步减环节、减时间、减材料、减跑动,做到一网通办、一体管理、一次告知、一表申请、一口受理、多证联办。在人防工程专项竣工验收"一件事"的基础上,研究推出若干"一件事"办理事项。推进人防工程建设管理业务流程革命性再造,建立容缺受理、审查和办理机制,实现部门间、层级间数据传输和共享,提高企业、群众办事体验便捷度和满意度。

#### 3) 推进"一网统管"平台建设

围绕"高效处置一件事",升级人防智能运行监控系统,改造指挥中心显控系统,整合人防业务管理系统应用功能。建立人防工程风险防控管理和人防工程物联感知设备智能应用管理机制,制定技术标准规范,加快开发应用。结合各区城运中心神经感知元建设规划,加强数据汇集工作,推进人防数据中心建设。

#### 4) 强化人防治理科技赋能

以防护需求为导向,创新人防科技工作体制机制,建立政府引导、社会参与的产学研

用协同创新体系。组织开展人防创新发展重大理论和应用研究,围绕军事斗争准备、高质量发展、军民融合等领域,开展重大理论研究。在重要经济目标防护技术措施、人防工程智能化信息化管理、指挥通信和警报设施升级改造、防护设备科技创新等方面,开展应用研究,组织科技攻关,突破一批关键核心技术。强化人防科研人才培养,优化人防科研人才梯度培养体系建设,完善人防科研人才多元化交流培养模式。研究人防管理标准、早期人防工程的检测评估及退出管理技术标准、指挥通信信息要素建设标准等。编写城市人民防空风险防控系列读本。

**8. 做好平时服务,融入经济社会发展大局**

1) 推进"放管服"改革、优化营商环境

进一步发挥浦东国家级人防改革试验区辐射带动作用,在优化营商环境现有政策措施基础上,围绕减少和下放审批事项、简化优化审批流程、调整优化资质管理方式,再推出若干改革措施。制定支持扶持企业发展的优惠政策,鼓励企业科技创新,推动科技成果转化,营造良好的行业市场环境。

2) 加强事中事后监管

完善监管事项清单并进行动态调整,制定监管实施细则,建立监管制度体系。依托数字人防建设,推进"互联网＋监管"人防工作。建立健全行业从业主体诚信奖惩机制,制定守信奖励、失信惩戒实施细则,引导企业依法诚信经营。制定分类分级监管评价标准,根据信用等级,采取差异化监管措施。推进"双随机、一公开"监管,建立检查对象名录库和监督检查人员名录库并动态更新。建立部门协同监管工作机制,加强联合监管。实施包容审慎监管,为市场主体提供一定的"容错""试错"空间。在全国人防系统首个轻微违法违规行为免罚清单的基础上,根据实施情况及时动态调整,逐步拓展范围。

3) 指导人防领域社会组织健康发展

加强对上海市人防工程行业协会的管理,指导协会加强行业自律、业界自治和协会自身建设,引导会员企业依法依规开展经营,配合主管部门开展行业专项整治,促进行业市场健康有序发展。加强对上海市民防协会的业务指导,充分发挥其作为学术性群众团体的专业特色,发挥其智囊智库作用。

4) 推进人防工程公益化使用

加强人防工程管理,保障人防工程安全,推进公用人防工程和退出序列工程公益化再利用,支持鼓励人防工程平时用于社区培训学习、市民健身活动、人防科普教育、社区应急物资储放等公益事业。

**9. 实施国家战略,推进长三角人防一体化**

1) 增强区域人防能力

有效整合区域防空力量和资源,抓好人防方案计划的对接、人防通信信息系统互通互联等,提高区域整体防护救援能力。

2) 推进区域人防行业一体化建设

建立长三角区域协同监管机制,探索长三角区域统一市场准入和退出机制,深化长三角人防行业从业企业信息查询服务等"一网通办"事项应用。

3) 完善区域合作工作机制

交流共商机制方面,在制定重大政策前,加强沟通协调,力争步调协同、口径一致。协同共建机制方面,加强在人防工程监督管理和行政执法领域的共建合作,努力实现统一标准、统一规范、信息互通、结果互认。资源共享机制方面,充分利用三省一市人防训练场所、特种装备、宣传教育资源,探索跨区域合作机制和模式,实现资源优势互补、共建共享。

## B2.3 上海轨道交通规划

构建由铁路、城市轨道、常规公交和辅助公交等构成的多模式公共交通系统,形成城际线、市区线、局域线等三个层次的轨道交通网络,同时预控研究若干轨道交通通道。至2035年,上海市主城区、新城轨道交通车站600 m用地覆盖率分别达到40%、30%,全市公共交通占全方式出行比例达到40%左右,中心城平均通勤时间不超过40 min。

城际线:形成由21条左右线路构成的市域公共交通骨架,规划总里程达到1 000 km以上。规划2条联系重要交通枢纽、重点功能区和2～3条深入中心城内部、贯穿主城区重要客流走廊的轨道快线,更新利用南何、北杨铁路支线、专用线等现状通道。建立9条主城区联系新城、核心镇、中心镇及近沪城镇的射线,新城与主城区之间的公共交通出行比例提升至80%,枢纽之间的轨道交通出行时间缩短至40 min以内。在新城、核心镇和中心镇之间构建10条左右联络线。通过市域枢纽节点转换和部分区段的跨线直通运行,实现多模式轨道交通系统之间的互联互补。

市区线:在主城区规划25条、总里程1 000 km以上的市区线,其中中心城轨道交通线网密度达到1.1 km/km² 以上。适度加密中心城北部、东部地区网络,加强对发展潜力地区和沿黄浦江等主要客流走廊的轨道交通服务,研究新增线路的快慢线复合功能,在中环附近预留环线运行条件,实现重要交通枢纽、市级中心之间30～45 min互通可达。围绕轨道交通枢纽及车站提升公共活动功能,加强轨道交通沿线新建和更新项目的控制和引导,加强土地集约、综合利用和立体开发。

局域线:在市域构建1 000 km² 以上的局域线网络。在嘉定、青浦、松江、奉贤、南汇、金山、城桥、惠南等城镇圈构建以中运量轨道和中运量公交等为骨干的局域公共交通网络,并沿主要客流走廊构建城镇圈之间、主城片区和城镇圈之间的骨干线路。

# 附录 C  国内外轨道交通兼顾设防现状

## C1  概述

截至 2022 年年底，全球共有 78 个国家和地区的 545 座城市开通城市轨道交通（包括地铁、轻轨、有轨电车），运营里程超过 41 386 km。中国（含港澳台）总运营里程达 10 857 km，占全球总里程的 26.23%，排名世界第一。中国自 1969 年第一条轨道交通开通运营后，仅用 50 余年的时间，基本赶上了欧美地区用 150 年发展形成的运营规模，已成为世界城市轨道交通发展的强劲动力。共有 44 个城市（含港澳台）开通轨道交通，占全球运营轨道交通里程的 47.9%，上海市则以 831 km 的总里程位列世界第一。以北京市、上海市等为代表的超大城市，以市域快轨形式向城市周边延伸，正在形成更大的网络化格局。

和平时期，轨道交通是城市公共交通的主力；战争时期，轨道交通可作为城市人民防空疏散干道或紧急人员掩蔽部、物资储备库等。本书通过资料收集、线上访谈、实地调研等方式对国内外典型城市轨道交通，特别是其兼顾设防情况进行了梳理分析。

## C2  国内典型城市轨道交通兼顾设防现状

### C2.1  北京设防现状

2020 年，北京轨道交通运营里程共计 727 km，换乘站 131 个，地下车站 317 个，地面车站 51 个，高架车站 61 个。2020 年，北京市新开通 3 段轨道线路，分别为亦庄 T1 线、16 号线中段及房山线北延段，交通运营线路达 24 条，较 2019 年增加了 1 条，同比增长 4.35%；运营里程较 2019 年增加了 28 km，同比增长 4.01%；轨道交通车站数达 428 个，较 2019 年增加了 23 个，同比增长 5.68%。2020 年北京轨道交通线网概况如表 C-1 所示。

表 C-1 北京轨道交通线网概况

| 线路 | 起止点 | 运营长度(km) | 电动客车(辆/列) | 从业人员(人) | 车站数(座) | | | 换乘站 |
|---|---|---|---|---|---|---|---|---|
| | | | | | 地下 | 地面 | 高架 | |
| 1号线 | 古城站—环球度假区站 | 32 | 420/70 | 2 548 | 21 | 2 | 0 | 10 |
| 2号线 | 环形线路(西直门站—积水潭站) | 23 | 300/50 | 1 773 | 18 | 0 | 0 | 10 |
| 4号线 | 安河桥北站—公益西桥站 | 28 | 318/53 | 2 447 | 23 | 1 | 0 | 10 |
| 5号线 | 宋家庄站—天通苑北站 | 28 | 366/61 | 1 994 | 16 | 7 | 0 | 10 |
| 6号线 | 金安桥站—潞城站 | 53 | 672/84 | 3 330 | 32 | 0 | 0 | 10 |
| 7号线 | 北京西站—焦化厂站 | 24 | 544/68 | 1 654 | 21 | 0 | 0 | 6 |
| 7号线东延 | 焦化厂站—环球度假区站 | 17 | | 748 | 8 | 0 | 0 | 1 |
| 8号线 | 朱辛庄站—中国美术馆站 | 28 | 234/39 | 2 596 | 18 | 0 | 1 | 6 |
| 8号线南延 | 珠市口站—瀛海站 | 17 | 432/72 | | 10 | 0 | 2 | 2 |
| 9号线 | 国家图书馆站—郭公庄站 | 17 | 228/38 | 1 398 | 13 | 0 | 0 | 7 |
| 10号线 | 环形线路(巴沟站—火器营站) | 57 | 696/116 | 3 653 | 45 | 0 | 0 | 19 |
| 13号线 | 西直门站—东直门站 | 41 | 336/56 | 1 732 | 1 | 16 | 0 | 8 |
| 14号线(西) | 西局站—张郭庄站 | 12 | 108/18 | 2 601 | 5 | 0 | 2 | 2 |
| 14号线(东) | 善各庄站—北京南站 | 32 | 270/45 | | 21 | 0 | 0 | 8 |
| 15号线 | 清华东路西口站—俸伯站 | 42 | 204/34 | 1 814 | 16 | 0 | 4 | 4 |
| 16号线(北) | 北安河站—甘家口站 | 31 | 304/38 | 1 279 | 15 | 0 | 0 | 2 |
| 八通线 | 四惠站—土桥站 | 19 | 180/30 | 1 093 | 0 | 3 | 10 | 2 |
| 八通线南延 | 土桥站—花庄环球度假区站(暂缓开通) | 5 | 42/7 | 122 | 1 | 0 | 0 | 1 |
| 大兴线 | 公益西桥站—天宫院站 | 22 | 198/33 | 1 153 | 9 | 1 | 1 | 0 |
| 吕平线 | 西二旅站—昌平西山口站 | 32 | 192/32 | 1 354 | 6 | 0 | 6 | 2 |
| 房山线 | 阎村东站—郭公庄站 | 25 | 126/21 | 1 132 | 2 | 0 | 10 | 2 |
| 房山线北延 | 郭公庄站—东管头南站 | 5 | 138/23 | 173 | 4 | 0 | 0 | 1 |
| 首都机场线 | 东直门站—T2站 | 28 | 40/10 | 728 | 3 | 0 | 1 | 2 |

附录 C　国内外轨道交通兼顾设防现状

(续表)

| 线路 | 起止点 | 运营长度(km) | 电动客车(辆/列) | 从业人员(人) | 车站数(座) | | | 换乘站 |
|---|---|---|---|---|---|---|---|---|
| | | | | | 地下 | 地面 | 高架 | |
| 亦庄线 | 宋家庄站—亦庄火车站 | 23 | 138/23 | 1 180 | 6 | 0 | 8 | 2 |
| 亦庄 T1 线 | 老观里站—定海园站 | 12 | / | / | / | 15 | / | / |
| S1 线 | 金安桥站—石厂站 | 10 | 60/10 | 731 | 0 | 0 | 7 | 1 |
| 西郊线 | 巴沟站—香山站 | 9 | 31/9 | 270 | 0 | 6 | 0 | 1 |
| 燕房线 | 阎村东站—燕山站 | 14 | 64/16 | 813 | 0 | 0 | 9 | 1 |
| 大兴机场线 | 草桥站—大兴机场站 | 41 | 80/12 | 945 | 3 | 0 | 0 | 1 |

2013 年,北京市规划委员会和北京市民防局联合发布地方标准《平战结合人民防空工程设计规范》(DB11/994—2013)。该标准不仅适用于新建、改建的抗力级别为甲 5 级、甲 6 级结合民用建筑修建的掘开式人防工程设计,城市地下空间兼顾人民防空也可参照执行。

2020 年,北京市发布了地方标准《城市基础设施工程人民防空防护设计标准》(DB11/1741—2020)。该标准适用于新建、改建的城市轨道交通工程兼顾人民防空需要的设计以及防常规武器抗力级别 5 级和 6 级、防核武器抗力级别 5 级和 6 级、防化等级为丁级的轨道交通工程地下部分的人民防空设计。

现阶段,北京轨道交通建设一般按甲类人防工程设计,防常规武器抗力级别不低于 6 级,防核武器抗力级别不低于 6 级;同时,根据其地理位置、周边环境和在人防总体规划中的重要性等因素,车站划分为重要车站和一般车站分别进行设计,如把重要车站的防化等级从一般车站的丁级提高到丙级,也就是说重要车站具有滤毒式通风系统。

## C2.2　天津设防现状

天津首条轨道交通线路——既有线于 1984 年正式开通运营,使天津市成为内地第二座开通轨道交通的城市。截至 2019 年 12 月,天津轨道交通共开通运营线路 6 条,线网覆盖 11 个市辖区,总运营里程 233 km,共设车站 143 座。2019 年,天津轨道交通年客运量为 5.250 6 亿人次,日均客运量约为 143.85 万人次。2020 年天津轨道交通日均客运量 92.55 万人次。天津轨道交通运营线路如表 C-2 所示。

表 C-2　天津轨道交通运营线路

| 线路 | 起点站 | 终点站 | 里程(km) | 车站数(座) | 首次开通日期 | 列车编组 |
|---|---|---|---|---|---|---|
| 1 号线 | 双桥河站 | 刘园站 | 42 | 32 | 1984 年 12 月 28 日 | 准 6B |
| 2 号线 | 曹庄站 | 滨海国际机场站 | 27.1 | 20 | 2012 年 7 月 1 日 | 6B |
| 3 号线 | 南站 | 小淀站 | 34 | 26 | 2012 年 10 月 1 日 | 6B |
| 5 号线 | 北辰科技园北站 | 中医一附院站 | 35 | 28 | 2018 年 10 月 22 日 | 6B |
| 6 号线 | 南孙庄站 | 梅林路站 | 45 | 39 | 2016 年 8 月 6 日 | 6B |
| 9 号线（津滨轻轨） | 天津站 | 东海路站 | 52.8 | 21 | 2004 年 3 月 28 日 | 4B |
| 天津开发区导轨电车 1 号线 | 泰达站 | 学院区北站 | 7.9 | 14 | 2007 年 5 月 10 日 | 现代导轨电车 |

天津轨道交通既有线工程是以改造市区旧墙子河、修建备战通道而立项的战备工程，也是天津市人防工程的一部分，属于天津自筹资金的建设项目，称为"7047"工程。初始设计原则是以战备为主、运营为辅。天津轨道交通既有线为天津轨道交通 1 号线的前身，于 1970 年 6 月 5 日正式动工，1976 年 1 月试通车，1984 年 12 月 28 日正式开通运营，2001 年 10 月 9 日停运。天津轨道交通 1 号线于 2002 年 11 月 25 日开工改造，2006 年 6 月 12 日再次开通运营。天津市主要依据《轨道交通工程人民防空设计规范》(RFJ02—2009)等技术标准进行轨道交通兼顾设防建设，暂无其他相关地方标准及文件。

## C2.3　广州设防现状

广州第一条轨道交通线路 1 号线于 1997 年 6 月 28 日正式开通运营。截至 2021 年 9 月 28 日，广州轨道交通运营线路共 15 条，分别为 1 号线、2 号线、3 号线(含 3 号线北延段)、4 号线、5 号线、6 号线、7 号线、8 号线、9 号线、13 号线、14 号线(含知识城线)、18 号线、21 号线、APM 线和广佛轨道交通，共设车站 290 座，共有换乘站 40 座，运营里程 589.4 km。2020 年，广州轨道交通共安全运送乘客 24.1 亿人次，占全市公共交通出行总量的 57%。广州轨道交通运营线路如表 C-3 所示。

附录 C 国内外轨道交通兼顾设防现状

表 C-3 广州轨道交通运营线路

| 线路 | | 起点站 | 终点站 | 车站数（座） | 里程（km） | 列车编组 | 首段开通日期 |
|---|---|---|---|---|---|---|---|
| 市区地铁线路 | | | | | | | |
| 1 号线 | | 西塱站 | 广州东站 | 16 | 18.5 | 6A | 1997 年 6 月 28 日 |
| 2 号线 | | 广州南站 | 嘉禾望岗站 | 24 | 31.8 | 6A | 2002 年 12 月 29 日 |
| 3 号线 | 主线 | 天河客运站 | 番禺广场站 | 17 | 65.3 | 6B | 2005 年 12 月 26 日 |
| | 北延段 | 机场北站 | 体育西路站 | 13 | | 6B | |
| 4 号线 | | 黄村站 | 南沙客运港站 | 23 | 56.25 | 4L | 2005 年 12 月 26 日 |
| 5 号线 | | 滘口站 | 文冲站 | 24 | 31.9 | 6L | 2009 年 12 月 28 日 |
| 6 号线 | | 浔峰岗站 | 香雪站 | 31 | 42 | 4L | 2013 年 12 月 28 日 |
| 7 号线 | | 广州南站 | 大学城南站 | 9 | 21.1 | 6B | 2016 年 12 月 28 日 |
| 8 号线 | | 万胜围站 | 滘心站 | 28 | 32.9 | 6A | 2002 年 12 月 29 日 |
| 9 号线 | | 飞鹅岭站 | 高增站 | 11 | 20.1 | 6B | 2017 年 12 月 28 日 |
| 13 号线 | | 鱼珠站 | 新沙站 | 11 | 27 | 8A | 2017 年 12 月 28 日 |
| 14 号线 | 知识城支线 | 新和站 | 镇龙站 | 10 | 21.9 | 6B | 2017 年 12 月 28 日 |
| | 主线 | 嘉禾望岗站 | 东风站 | 13 | 54.4 | 6B | 2018 年 12 月 28 日 |
| 18 号线 | | 万顷沙站 | 冼村站 | 8 | 58.3 | 8D | 2021 年 9 月 28 日 |
| 21 号线 | | 员村站 | 增城广场站 | 21 | 61.6 | 6B | 2018 年 12 月 28 日 |
| 旅客自动输送系统线路 | | | | | | | |
| APM 线 | | 广州塔站 | 林和西站 | 9 | 4.0 | 2APM | 2010 年 11 月 8 日 |
| 城际地铁线路 | | | | | | | |
| 广佛线 | | 新城东站 | 沥滘站 | 25 | 39.83 | 4B | 2010 年 11 月 3 日 |

广州市主要依据《轨道交通工程人民防空设计规范》（RFJ02—2009）等技术标准进行轨道交通兼顾人防建设。

广州市现运营的轨道交通工程与北京市类似，一般按甲类人防工程设计，防核武器抗力级别 6 级、防常规武器抗力级别 6 级，广州市对运营线路与北京市一样设置了重要车站和一般车站，重要车站的防化等级为丙级，一般车站为丁级。广州轨道交通设防范围包括：地下车站、地下区间，以及附属于轨道交通地下车站主体及区间隧道以外，独立设置的安装重要设备的地下工程。

20世纪90年代初，广州轨道交通1号线启动建设，人防部门曾提出过建议，要求轨道交通建设应兼顾人民防空需要。因当时尚缺乏明确的法律依据，国内各城市做法不完全一致，以及轨道交通建设经费紧张等，故广州轨道交通1号线当时暂未考虑兼顾人防建设的需要。1999年9月21日，广州市原城乡建设委员会根据广州市人民防空办公室的意见，致函广州地铁集团有限公司，明确要求广州轨道交通2号线建设应考虑人防功能需要。广州市政府领导一方面责成由原城乡建设委员会牵头，组织有关单位领导和工程技术人员到外省考察，学习外省成功经验，对各个环节认真把关；另一方面，责成人防部门会同广州地铁集团有限公司采取措施，根据国家人民防空办公室专家审定的方案，按照人防战术技术标准对轨道交通1号线14个地下车站及相关区间隧道进行防护补救处理，制定改造方案，使其达到相应的防空抗力级别和防化等级标准。

## C2.4 重庆设防现状

重庆第一条线路于2005年6月18日开通试运营，使重庆成为西部地区第一座开通轨道交通的城市。

截至2021年2月，重庆已开通1、2、3、4、5、6、10号线、环线、国博线共9条轨道交通线路，线网覆盖重庆主城都市区多个区，共设车站193座（换乘站不重复计算），运营里程为370 km。其中，1、4、5、6、10号线以及环线、国博线为轨道交通系统，超过270 km；2、3号线为单轨系统（跨座式单轨），共98.45 km。重庆轨道交通运营线路如表C-4所示。

表 C-4 重庆轨道交通运营线路表

| 线路 | 起止站 | 里程（km） | 车站数（座） | 类型、编组 | 首段开通日期 |
| --- | --- | --- | --- | --- | --- |
| 1号线 | 朝天门站—璧山站 | 45.34 | 25 | 地铁、6B | 2011年7月28日 |
| 2号线 | 较场口站—鱼洞站 | 31.36 | 25 | 单轨、4/6 | 2004年11月6日 |
| 3号线 | 鱼洞站—江北机场T2航站楼站 | 56.10 | 39 | 单轨、6/8 | 2011年9月29日 |
| 3号线北延伸段（空港线） | 碧津站—举人坝站 | 10.99 | 7 | 单轨、6/8 | 2016年12月28日 |
| 4号线 | 民安大道站—唐家沱站 | 15.66 | 8 | 地铁、6As | 2018年12月28日 |

(续表)

| 线路 | 起止站 | 里程（km） | 车站数（座） | 类型、编组 | 首段开通日期 |
|---|---|---|---|---|---|
| 5号线 | 园博中心站—大石坝站 | 35.02 | 22 | 地铁、6As | 2017年12月28日 |
| | 石桥铺站—跳磴站 | | | | |
| 6号线 | 茶园站—北碚站 | 63.33 | 28 | 地铁、6B | 2012年9月28日 |
| 国博线 | 礼嘉站—沙河坝站 | 26.58 | 12 | 地铁、6B | 2013年5月15日 |
| 10号线 | 鲤鱼池站—王家庄站 | 34.30 | 19 | 地铁、6As | 2017年12月28日 |
| 环线 | 重庆西站—上桥站 | 50.88 | 32 | 地铁、6As | 2018年12月28日 |

2007年，重庆轨道交通1号线一期工程朝天门至沙坪坝段开工，1号线的小什字站至两路口站段有约2.7 km的里程利用了20世纪60—80年代修建的防空洞以及轨道交通隧道。另外，2017年开通的重庆轨道交通10号线红土地站是重庆市最深的轨道交通车站，位于重庆市江北区红黄路南北两侧，埋深达94 m，相当于深入地下31层楼的高度。94 m的埋深也代表了超深的覆土厚度，在战时可以为人民群众搭建天然的保护屏障，阻隔核武器和生化武器的渗透。

2019年1月8日，重庆轨道交通环线海峡路至南湖区间人防门侵入列车行驶区域，与列车发生擦碰，造成第一节车厢略微偏移，车头受损，多处玻璃破裂，但未脱轨。在后续出台的《重庆市绿色轨道交通技术标准》(DBJ50/T—364—2020)中，强调了车辆必须设置雷达辅助防护系统，有效降低车辆误撞障碍物的风险，提高车辆安全性能。

2020年9月18日起，重庆轨道交通环线和4号线互联互通直快列车上线载客试运营，两条线路的直快列车可以在换乘站直接换乘至运行线路，这在全国尚属首例。实现互联互通以后，同一列车在不停车和不改变驾驶模式的情况下，就可以从本线路跨行到另一条线路。想去往其他线路的乘客，无需下车换乘即可到达目的地，这不仅减少了乘客换乘等待时间，也满足了乘客多元化的出行需求。由于轨道交通行业内不同线路之间的信号系统采用的技术标准常常是不一样的，线路都是单线运营，相互独立，所以轨道交通线路间互联互通的实现对线路之间的信号系统研究具有极大的意义。

重庆依托轨道交通建设的人防设施达数百万平方米，轨道交通成为重庆人防工程体量的重要增长点。轨道交通和人防设施同步规划、同步建设、同步投入使用在重庆已经成为常态。下一步，重庆将以担负全国第一批交通强国建设试点任务为契机，深入推进轨道交通建设贯彻人防要求工作。

## C2.5 杭州设防现状

截至2022年2月21日,杭州市已开通的轨道交通线路共计13条,运营总里程达到401 km。其中,轨道交通线路11条,包括杭州轨道交通1号线、2号线、3号线、4号线、5号线、6号线(包括富阳主线和双浦支线)、7号线、8号线、9号线、10号线、16号线;城际轨道交通线路1条,即杭海城际线。2022年亚运会前杭州轨道交通形成13条线路、516 km的轨道交通网,实现十城区全覆盖。杭州轨道交通线路如表C-5所示。

表C-5 杭州轨道交通线路

| 线路 | 起止站 | | 性质 | 里程(km) | 车站数(座) | | | 换乘站 | 类型&编组 | 首段开通日期 | 平均站距(km) |
|---|---|---|---|---|---|---|---|---|---|---|---|
| | | | | | 地下 | 地面 | 高架 | | | | |
| 1号线 | 湘湖站—萧山国际机场站 | | 干线 | 47.92 | 33 | — | — | 11 | 6B | 2012年11月24日 | 1.5 |
| 2号线 | 朝阳站—良渚路站 | | 干线 | 43.3 | 33 | — | — | 7 | 6B | 2014年11月24日 | 1.4 |
| 3号线 | 星桥站—潮王路站 | | 干线 | 21 | 13 | — | — | 2 | — | 2022年2月21日 | — |
| 4号线 | 浦沿站—池华街站 | | 干线 | 46.8 | 33 | — | — | 9 | 6B | 2015年02月02日 | 1.5 |
| 5号线 | 金星站—姑娘桥站 | | 骨架线 | 56.21 | 39 | — | — | 10 | 6AH | 2019年6月24日 | 1.4 |
| 6号线 | 富阳主线 | 桂花西路站—枸桔弄站 | 干线 | 58.8 | 36 | — | — | 7 | 6AH | 2020年12月30日 | 1.5 |
| | 双浦支线 | 双浦站—枸桔弄站 | | | | | | | | 2021年11月6日 | |
| 7号线 | 市民中心站—江东二路站 | | 骨架线 | 47.48 | 19 | — | — | 5 | 6A | 2020年12月30日 | 2 |
| 8号线 | 文海南路站—新湾路站 | | 骨架线 | 17.2 | 9 | — | — | 2 | 6A | 2021年6月28日 | 2.9 |
| 9号线 | 客运中心站—龙安站 | | 干线 | — | 9 | — | 3 | 2 | 6B | 2021年9月17日 | 1.8 |

(续表)

| 线路 | 起止站 | 性质 | 里程(km) | 车站数(座) 地下 | 车站数(座) 地面 | 车站数(座) 高架 | 换乘站 | 类型&编组 | 首段开通日期 | 平均站距(km) |
|---|---|---|---|---|---|---|---|---|---|---|
| 10号线 | 逸盛路站—翠柏路站 | 干线 | 15.18 | 12 | — | — | 2 | 6A | 2022年2月21日 | — |
| 杭海城际铁路 | 临平南高铁站—浙大国际校区站 | — | 46.38 | 4 | — | 8 | 1 | 3B | 2021年6月28日 | — |

杭州轨道交通兼顾设防的设计初衷是利用轨道交通工程已有条件，按全地下线设防的原则，在不影响列车平时正常运营的情况下，对关键部位、重要设施按照《轨道交通工程人民防空设计规范》(RFJ02—2009)的规定做好重点防护，将车站作为紧急人员掩蔽部或物资储备库，区间作为人防疏散通道，做到地铁平时功能和战时功能有机结合，轨道交通车站人员掩蔽功能与交通疏散功能有机结合。

杭州现有轨道交通人防工程基本可实现平战快速转换：战时在供电仍有保障、确保运行安全的情况下，轨道交通工程可发挥人员疏散转移快速，疏散运输能力强的优势，继续保持有限运行；当列车无法运行时，可通过轨道平车、人员步行完成疏散、运输功能；当待疏散人员遇到威胁不能继续疏散时，可在就近车站内进行紧急掩蔽。

## C3 国外典型城市轨道交通兼顾设防现状

### C3.1 乌克兰基辅设防现状

目前已知乌克兰有轨道交通的城市只有基辅和哈尔科夫。

基辅轨道交通是乌克兰的第一个地下铁路（捷运）系统，亦是继莫斯科轨道交通及圣彼得堡轨道交通后苏联所建造的第三个地下轨道交通系统。基辅轨道交通总共设有54座车站，其中绝大部分都处于地下，一些个别车站深度居然达到了惊人的105 m（如兵工厂轨道交通车站，是基辅轨道交通线上的一个车站），相当于30多层大楼的高度。据乌克兰轨道交通维护人员介绍，这些深度超过100 m的轨道交通车站其实并非为修建轨道交通而建造，而是苏联时期的防空洞，二战结束后才将这些大量的防空洞改建为轨道交通车站。基辅轨道交通运行线路如图C-1所示。

基辅轨道交通也效仿莫斯科轨道交通设计有战时防护功能且有许多共同之处。这也是基辅轨道交通能在城市遭遇空袭时对附近居民开放成为避难所的主要原因。

乌克兰国家行政局在当地时间2023年2月27日发布公告，通报了轨道交通车站临

图 C-1 基辅轨道交通线路示意

时避难所的基本情况：紧急避难情况下，基辅市轨道交通列车一律停运。轨道交通车站中维持秩序的警务人员与轨道交通工作人员会为站内的避难人员分发食物、药品和保暖衣物。此外，公告宣布，宵禁期间市政交通不再运送乘客，但城市交通车辆必须遵守基辅中央指挥部的统一调配。

目前，乌克兰使用率最高的人防工程为轨道交通车站。当防空警报响起时，民众将有 20 min 时间在轨道交通关闭前进入地下轨道交通车站进行躲避。

## C3.2 英国伦敦设防现状

伦敦轨道交通是世界上最古老的地下铁道，服务于伦敦以及白金汉郡、埃塞克斯郡和赫特福德郡的部分地区。其 1856 年开始修建，1863 年 1 月 10 日正式投入运营，长约 7.6 km，隧道横断面高 5.18 m、宽 8.69 m，为单拱形砖砌结构。当时轨道交通是以蒸汽机车牵引列车。1890 年，伦敦又建成一条地下铁道，长 5.2 km，隧道为圆形，内径 3.10~3.20 m，铸铁管片衬砌。用电力机车牵引列车，为世界上第一条电气化轨道交通。现在，英国伦敦轨道交通列车通过第三轨供直流电，电压为 600 V。列车平均运行速度约

32 km/h，最大速度达 96 km。伦敦轨道交通于 1971 年开始在维多利亚线区应用遥控和计算机技术操纵列车。

截至 2021 年，伦敦轨道交通共有 12 条线路，总计 272 个车站。2021 年，伦敦轨道交通系统中最繁忙的车站是斯特拉特福站，全年有近 2 510 万乘客进出。第二繁忙的轨道交通车站是伦敦桥站，全年约有 2 470 万乘客进出。伦敦轨道交通路线以浅层隧道和深层隧道兴建。环线、区域线、哈默史密斯及城市线，以及大都会线为浅层隧道线路，隧道仅位于地面以下，而且体积与英国轨道交通相近。贝克卢线、中央线、银禧线、北线、皮卡迪利线、维多利亚线，以及滑铁卢及城市线则为深层隧道线路。列车体积较小，在直径约 3.56 m 的圆形隧道内行驶。伦敦轨道交通线路如表 C-6 所示。

表 C-6 伦敦轨道交通线路

| 线路 | 开通时间 | 路线类型 | 全长(km) |
| --- | --- | --- | --- |
| 贝克卢线<br>(Bakerloo Line) | 1906 年 | 深层隧道 | 23 |
| 中央线<br>(Central Line) | 1900 年 | 深层隧道 | 74 |
| 环线<br>(Circle Line) | 1884 年 | 浅层隧道 | 22 |
| 区域线<br>(District Line) | 1868 年 | 浅层隧道 | 64 |
| 大都会线<br>(Metropolitan Line) | 1863 年 | 浅层隧道 | 67 |
| 汉默史密斯及城市线<br>(Hammersmith & City Line) | 1863 年 | 浅层隧道 | 14 |
| 银禧线<br>(Jubilee Line) | 1979 年 | 深层隧道 | 36 |
| 北线<br>(Northern Line) | 1890 年 | 深层隧道 | 58 |
| 皮卡迪利线<br>(Piccadilly Line) | 1906 年 | 深层隧道 | 71 |
| 维多利亚线<br>(Victoria Line) | 1969 年 | 深层隧道 | 21 |
| 滑铁卢及城市线<br>(Waterloo & City Line) | 1898 年 | 深层隧道 | 2 |

伦敦轨道交通有11条线穿过市中心所在的同一区。不少车站必须在地下修建成上下若干层，以供多条线路同时使用。随着城市的发展，几乎所有的轨道交通线路都建设了延长线。

伦敦轨道交通的作用除了承担交通枢纽外，还具有人防功能。一战期间，每当伦敦拉响防空警报，伦敦轨道交通就瞬间变身成为防空洞，为人们躲避轰炸提供掩蔽。二战期间，伦敦轨道交通作为防空洞的作用更加明显。由于德军对伦敦的轰炸非常激烈，不少英国人进入伦敦轨道交通中躲避德军轰炸，随后情况愈演愈烈，战时军事指挥中心、医院等都转移至伦敦轨道交通，当时的首相丘吉尔也将指挥部转移到伦敦轨道交通的一处小站内。

## C3.3 俄罗斯莫斯科设防现状

莫斯科轨道交通被公认为世界上最漂亮的轨道交通，按运营里程排名为全球第五大轨道交通系统，按年客流量排名为全球第四繁忙暨亚洲以外第一繁忙的轨道交通系统。1935年5月15日，苏联政府出于军事方面的考虑，正式开通莫斯科轨道交通。地下铁道考虑了战时的防护要求，可供400余万居民掩蔽。

莫斯科轨道交通总共有12条线，包括11条辐射线和1条环状线，全长312.9 km，有171座站台，有4 000列轨道交通列车在轨道交通线上运行，共5 000多节车厢。轨道交通每天平均运行8 500多次列车，担负全市客运量的45%，每天运送的乘客达900多万人次，其主要结构为中心向四周辐射状，所有的线路按照其开通顺序的先后获得1~12的编号。其中最重要的线路便是长度大约为20 km的5号线——环状线，它负责连接起其余绝大部分分支线路。莫斯科轨道交通线路如表C-7所示。

表C-7 莫斯科轨道交通线路

| 线路 | 中文名称 | 开通(年) | 扩建(年) | 里程(km) | 车站数(座) |
| --- | --- | --- | --- | --- | --- |
| 1号线 | 索科利尼基线 | 1935 | 2016 | 32.5 | 22 |
| 2号线 | 莫斯科河畔线 | 1938 | 2018 | 42.8 | 24 |
| 3号线 | 阿尔巴特—波克罗夫卡线 | 1938 | 2012 | 45.1 | 22 |
| 4号线 | 菲力线 | 1958（1935） | 2006 | 14.9 | 15 |
| 5号线 | 环状线 | 1950 | 1954 | 19.3 | 12 |
| 6号线 | 卡卢加—里加线 | 1958 | 1990 | 37.6 | 24 |
| 7号线 | 塔甘卡—红普列斯妮娅线 | 1966 | 2015 | 42.2 | 23 |

附录 C　国内外轨道交通兼顾设防现状

(续表)

| 线路 | 中文名称 | 开通(年) | 扩建(年) | 里程(km) | 车站数(座) |
| --- | --- | --- | --- | --- | --- |
| 8 号线 | 加里宁线 | 1979 | 2012 | 16.3 | 8 |
| 8A 号线 | 太阳线 | 2014 | 2018 | 24.8 | 12 |
| 9 号线 | 谢尔普霍夫—季米里亚泽夫线 | 1983 | 2002 | 41.5 | 25 |
| 10 号线 | 柳布林诺—德米特罗夫线 | 1995 | 2018 | 38.3 | 23 |
| 11 号线 | 大环线 | 2018 | 2018 | 12.6 | 6 |
| 11A 号线 | 卡霍夫卡线(未来大环线的一部分) | 1995 (1969) | 1969 | 3.3 | 3 |
| 12 号线 | 布托沃线 | 2003 | 2014 | 10.0 | 7 |
| 13 号线 | 莫斯科单轨 | 2004 | 2004 | 4.7 | 6 |
| 14 号线 | 莫斯科中央环线 | 2016 | 2016 | 54.0 | 31 |
| 15 号线 | 内克拉索夫卡线 | 2019 | 2020 | 25.3 | 11 |

莫斯科轨道交通最初为了战备而建,大部分线路都建在地面 50 m 以下。但 4 号线途中有 7 座车站,3 号线有 2 座车站,1 号线、2 号线和 7 号线各 1 座车站是建立在地面上的(其中 1 号线的麻雀山站最为独特,它建在卢日尼基铁路桥上,2 号线地面站也是利用原跨河地面段增设的),12 号线还有 4 座车站是高架站。除此之外,13 号线由于是单轨线路,铺设方式也是以架空线为主的,14 号线是因莫斯科第二环线建设迟缓而利用既有铁路改造的市郊铁路环线,以地面为主,有少数立交桥或下立交。

1941 年 4 月,苏联人民委员会通过决议,将轨道交通作为群众避难场所,莫斯科轨道交通因此获得"第二城市"的地位。车站里设立了图书馆,还可以放映电影、布置展览、组织乐队演出。政府为儿童开设了绘画课、模型制作课以及缝纫课,还配备了急救点和医务人员,甚至还有妇产科医院,217 个孩子在那里出生,他们身份证上的出生地还印有"莫斯科地铁"的字样。1941 年 7 月 21—22 日,轨道交通里聚集了近 50 万人,容纳人数最多的是马雅可夫斯基站,在最初战乱不安的日子里共掩蔽了 1/10 的逃难者。

除了战时避难所,莫斯科轨道交通还发挥了战时指挥所的职能。1941 年一架德军飞机侵入莫斯科,目标是位于克里姆林宫的总参谋部。当月斯大林下令将总参谋部转移至白俄罗斯站。1941 年十月革命胜利周年日前夕,马雅可夫斯基站成为莫斯科的地下中心,被苏联领导人确定为最深处的开会地点。

## C4 总结分析

### C4.1 国内轨道交通设防模式对比

我国早期的轨道交通就是作为人防工程进行设计的，主要功能是为了战时城市人员的快速疏散转移，平时的交通运营只是其辅助功能。北京最早修建轨道交通时，防空就是一个重要考虑因素。从 1992 年北京轨道交通复八线（现北京轨道交通 1 号线的一段）建设开始，我国轨道交通建设开始向"以平时交通运营为主，兼顾人防"转变。这次转变，减小了人防对轨道交通建设和平时使用功能的影响，促进了轨道交通建设的快速发展。

因不同时期地铁建设重心不同，也因各省市地理、历史等影响，我国各地的轨道交通现状各具特色，典型轨道交通设防模式详见表 C-8。

表 C-8 我国典型地铁设防模式对比

| 比较项目 | 主要特点 | 代表城市 | 重点设防站标准 | 一般设防站标准 |
| --- | --- | --- | --- | --- |
| 北京模式 | （1）5 级设防；<br>（2）防化等级丁级；<br>（3）孔口防护设施全部一步到位，不临战封堵；<br>（4）不区分重点设防与一般设防 | 北京 | （1）战时考虑清洁式、隔绝式两种通风方式；<br>（2）车站战时作为紧急人员掩蔽部、物资储备库；<br>（3）设人防集中信号采集和集中信号显示 | |
| 上海模式 | （1）6 级设防；<br>（2）防化等级丁级；<br>（3）孔口防护设施一步到位、预留相结合；<br>（4）不区分重点设防与一般设防 | 上海 | （1）战时考虑清洁式、隔绝式两种通风方式；<br>（2）车站战时作为紧急人员掩蔽部、物资储备库 | |
| 深圳模式 | （1）6 级设防；<br>（2）防化等级丙级、丁级；<br>（3）孔口防护设施一步到位、预留相结合；<br>（4）区分重点设防与一般设防 | 深圳、杭州、宁波、天津等 | （1）防化等级丙级，战时考虑滤毒式、清洁式、隔绝式三种通风方式；<br>（2）车站战时作为紧急人员掩蔽部、物资储备库；<br>（3）无人防信号采集 | （1）防化等级丁级，战时考虑清洁式、隔绝式两种通风方式；<br>（2）车站战时作为紧急人员掩蔽部、物资储备库；<br>（3）掩蔽人数 800 人；<br>（4）无人防信号采集 |
| 长沙模式 | （1）6 级设防；<br>（2）防化等级丁级；<br>（3）孔口防护设施一步到位、预留相结合；<br>（4）区分重点设防与一般设防 | 长沙、贵阳、合肥、南昌等 | （1）防化等级丁级，战时考虑清洁式、隔绝式两种通风方式；<br>（2）车站战时作为紧急人员掩蔽部、物资储备库；<br>（3）无人防信号采集 | （1）防化等级丁级，战时考虑清洁式、隔绝式两种通风方式；<br>（2）车站战时作为紧急人员掩蔽部、物资储备库；<br>（3）无人防信号采集 |

## C4.2 由乌克兰危机引发轨道交通建设的思考

**1. 强化轨道交通兼顾设防能力**

根据《中华人民共和国人民防空法》的有关规定，城市的地下交通干线以及其他地下工程的建设，应当兼顾人民防空需要。轨道交通建设必须兼顾人民防空的需要，应统一规划、同步设计，并纳入城市人防防护体系。

轨道交通具有埋深深、结构强度大等特点，是良好的防空设施。战争期间，轨道交通是城市人民防空工程体系的重要连接线，主要功能是保障战时人员安全转移和物资运输，起到疏散干道的作用。通过将人员和物资疏散转移到周边的人防工程，可以大大降低空袭损失、保存战争实力。即轨道交通疏散功能因战争破坏而中断，车站也可作为人员紧急掩蔽场所或战备物资临时储存场所，供疏散人员短时间临时掩蔽或战备物资临时存储。随着轨道交通建设的快速发展，尤其特大城市轨道交通网络的日趋完善，轨道交通兼顾设防工程可将城市的人防工程连成网络，形成综合防护体系，这对城市综合防护能力的提高具有重大意义。因此，轨道交通兼顾设防是一项长期战略要求，应当坚持不动摇。

**2. 完善轨道交通战时运行功能**

"保障人员安全交通、转移和物资运输功能"只发生在空袭之前的预警期。在乌克兰危机中，空袭发生时，乌克兰轨道交通为大量群众提供了保护。轨道交通人防主要是作为紧急人员掩蔽部及物资储备场所。空袭后，轨道交通能否恢复运行以及如何恢复运行等问题尚无针对性研究。

科学规划轨道交通在战争不同阶段发挥应有的战备功能十分必要，特别是在人员早期疏散和临战疏散阶段（或警报解除之后），外界也未染毒时，按照防空袭斗争需要，城市的大部分功能仍将发挥作用。实现城市人口大规模疏散和重要物资储备运输等职能是人民防空的主责主业，轨道交通发挥着不可替代的作用。当轨道交通部分车站或网线遭到轰炸时，如何通过跳站、网线运力调整等手段来提高整个网络的抗毁能力，是亟需深入研究的问题；在此基础上对车站建筑、信号系统等进行全方位的改造升级也势在必行。

因此，轨道交通是仅仅被作为人员掩蔽场所，还是兼顾发挥其运输功能，需要结合新时期的新变化作出合理转变。

# 附录 D  杭州轨道交通和北京轨道交通人防功能现状调研与分析

本章选取了杭州市和北京市这两个代表性城市作了详细的轨道交通人防功能现状调研,内容以杭州轨道交通调研情况为主。对北京轨道交通的人防特色作重点阐述,其与杭州轨道交通相同的人防情况不作赘述。

## D1  杭州轨道交通兼顾设防情况

### D1.1  轨道交通设防依据和设计原则

**1. 轨道交通人防相关规范要求及政策**

(1)《地铁设计规范》(GB50157—2013);

(2)《轨道交通工程人民防空设计规范》(RFJ02—2009);

(3)《人民防空工程设计规范》(GB50225—2005);

(4)《防护工程防护设备和消波系统技术规范》(GJB3137—1997);

(5)《人民防空工程防护功能平战转换设计标准》(RFJ1—1998);

(6)《浙江省防空地下室防护功能平战转换管理规定》(试行);

(7)《浙江省人民防空工程管理办法》;

(8)《杭州市地铁兼顾人防工程维护管理工作方案》。

**2. 总体要求**

全地下线设防;现有线路地下车站及相连的地下区间考虑战时防空、平时防灾;在工程投资增加不多的情况下,将轨道交通纳入人防疏散体系,采取有效的平战转换措施,实现平战快速转换。

**3. 战时功能定位**

地下线路平时以交通运营为主,战时为城市人民防空体系的重要连接线,作为人防疏散干道保障人员疏散、物资转移的交通安全;车站作为紧急人员掩蔽部或物资储备库使用。对线路的关键部位、重要设施,按照相关规定做好重点防护,在拟定的核武器、化学武器、常规武器袭击和袭击后的城市次生灾害威胁下,保障人员和设备的安全,提高城市的防空抗毁综合防护能力。

### 4. 兼顾设防级别

杭州市现有地下车站、区间隧道均按甲类人防工程设计，6级抗力级别设防。普通设防站防化等级为丁级，重点设防站防化等级丙级（根据车站客流、地理位置重要性、可实施性等因素，杭州轨道交通现有线路20%的车站为重点设防站）。

### 5. 防护单元划分

全地下线按"一车站加一相邻区间段为一个防护单元"的原则进行防护单元划分。两个防护单元之间的两个区间隧道正线上各同步安装双向受力的区间防护密闭隔断门一道，为防护单元间的分界。在线路穿越通航河道（钱塘江、京杭大运河）的两侧设置防淹门，其可兼作防护密闭隔断门，以提高车站人防单元的安全性。

### 6. 建设到位标准

轨道交通内的人防设施统一规划、同步设计、分期实施。不影响列车正常运行和通风的部位，需要设置的防护设备或预埋件均应一次施工到位。按《轨道交通工程人民防空设计规范》(RFJ02—2009)平战转换设计要求进行预留设计，临战前再进行平战转换。

### 7. 战时人员掩蔽

根据《轨道交通工程人民防空设计规范》(RFJ02—2009)，每个防护单元的紧急掩蔽人数按公共区掩蔽面积确定大小，设定为800人、1 200人、1 500人；其中换乘站掩蔽人防不多于3 000人。

### 8. 人防设备选型

所有人防防护设备选用国家人民防空办公室鉴定过的定型产品。当遇到特殊工程情况，选用定型产品难以满足设防要求时，可以由国家人民防空办公室认可的研究单位研制非标设备。现有杭州轨道交通线路除9号线、6号线（富阳主线）采用中国建筑标准设计研究院研制的人防设备外，其余线路均采用中国人民解放军军事科学院国防工程研究院人防设备。

## D1.2 孔口防护设计

### D1.2.1 出入口

#### 1. 人员出入口

设防车站均设置有不少于2个直通地面的战时人员出入口。战时人员出入口设防护密闭门、密闭门各一道，2个出入口的朝向不同，并呈对角线布置。战时出入口平面如图D-1所示，战时出入口剖面如图D-2所示。

除战时人员出入口以外的其他出入口，根据《浙江省防空地下室防护功能平战转换管理规定》，优先选用防护密闭门进行垂直门式封堵；条件困难时，采用封堵板进行垂直板式封堵，并就近指定封堵板平时的存放位置。

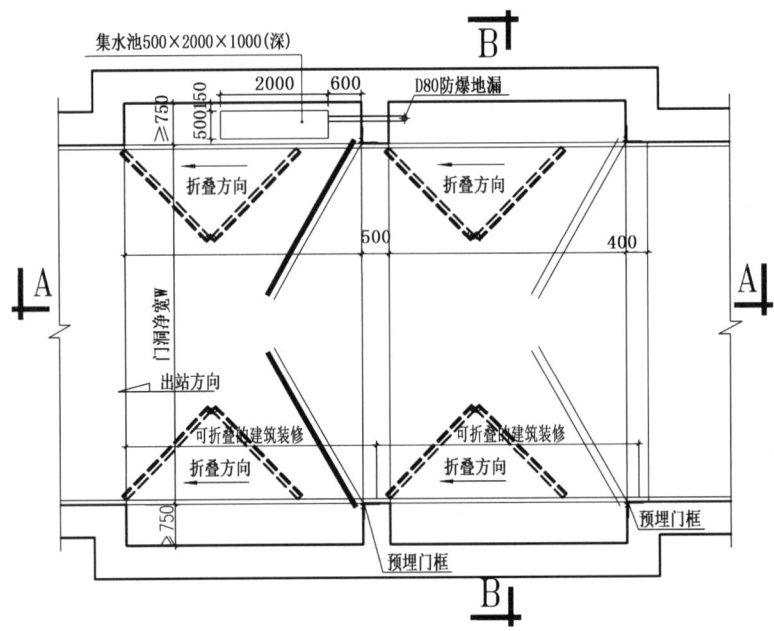

图 D-1 战时出入口平面图(mm)

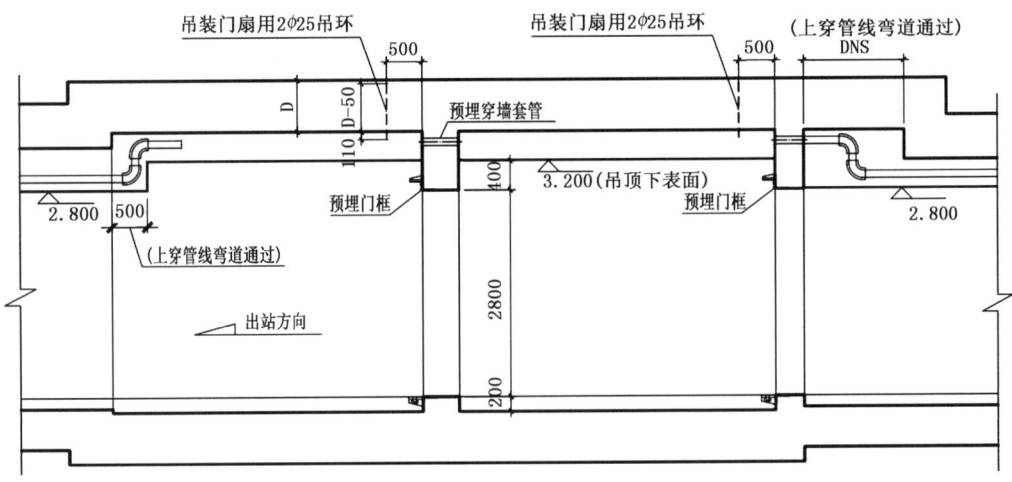

图 D-2 战时出入口剖面图(mm)

**2. 消防疏散口和无障碍电梯口**

消防疏散口优先采用门式封堵;通向地面的电梯井应设在防护区外。当条件受限设在防护区内时,优先采用门式封堵。消防通道防护区段平面如图 D-3 所示。

**3. 预留人防连通口**

为使轨道交通干线与人防工程连网成片,根据沿线已建人防工程情况和城市未来发展的需要,在车站内根据人防主管部门的要求按需设置人防连通口(门洞尺寸不小于

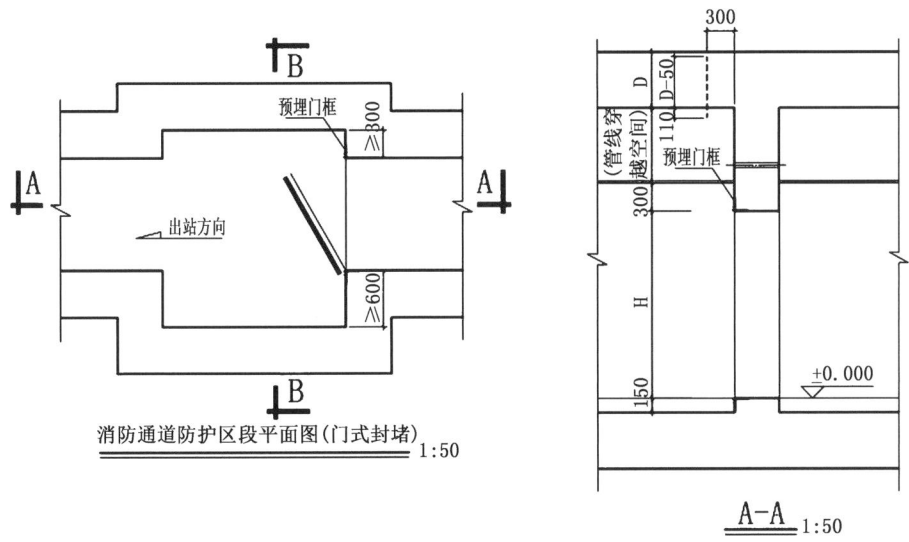

图 D-3 消防通道防护区段平面图(mm)

1.5 m×2.5 m),连通口呈对角线布置。附近暂无人防工程时,人防连通口作预留处理,在结构内衬墙预留暗梁、暗柱,以确保按人防不突出结构内衬墙的设置原则执行。

**4. 预留商业连通口**

沿线地下空间、商业设施与车站结合连通时,为保证相连后轨道交通防护单元防护功能的完整性,连通口设置在车站站厅层两侧或出入口防护区内,平战两用,宽度大于 3 m。连通口人防门设置原则为:与既有人防工程相连,车站一侧采用一道可双向受力的无门槛防护密闭门;与非人防地下工程连通的连通口,在车站外侧优先采用门式封堵。

### D1.2.2 通风口

**1. 一般设防站战时通风道**

结合平时环控进(排)风道设战时清洁式进(排)风道,战时进(排)风道呈对角线布置。战时清洁式风道防护段一般设于风道水平段且靠近通风竖井的位置。防护段内设带有消波、滤尘、密闭功能于一体的门式清洁式通风系统。战时通风道中设置门式清洁式通风系统,与平时的公共区通风系统串联,以满足清洁式通风和隔绝式防护的要求。

**2. 重点设防站战时通风道**

结合平时环控进(排)风道设置一对战时清洁式和滤毒式进(排)风道,两风道呈对角线布置。在战时进风道水平段靠近通风竖井的位置设带有消波、滤尘、密闭功能于一体的门式清洁式通风系统,通过设置滤毒设施,以满足滤毒式通风要求。重点设防站滤毒式超压排风与战时出入口结合,在防护密闭墙上设防爆超压排气活门,在该口的密闭墙上设手动密闭阀门。战时通风口平面如图 D-4 所示。

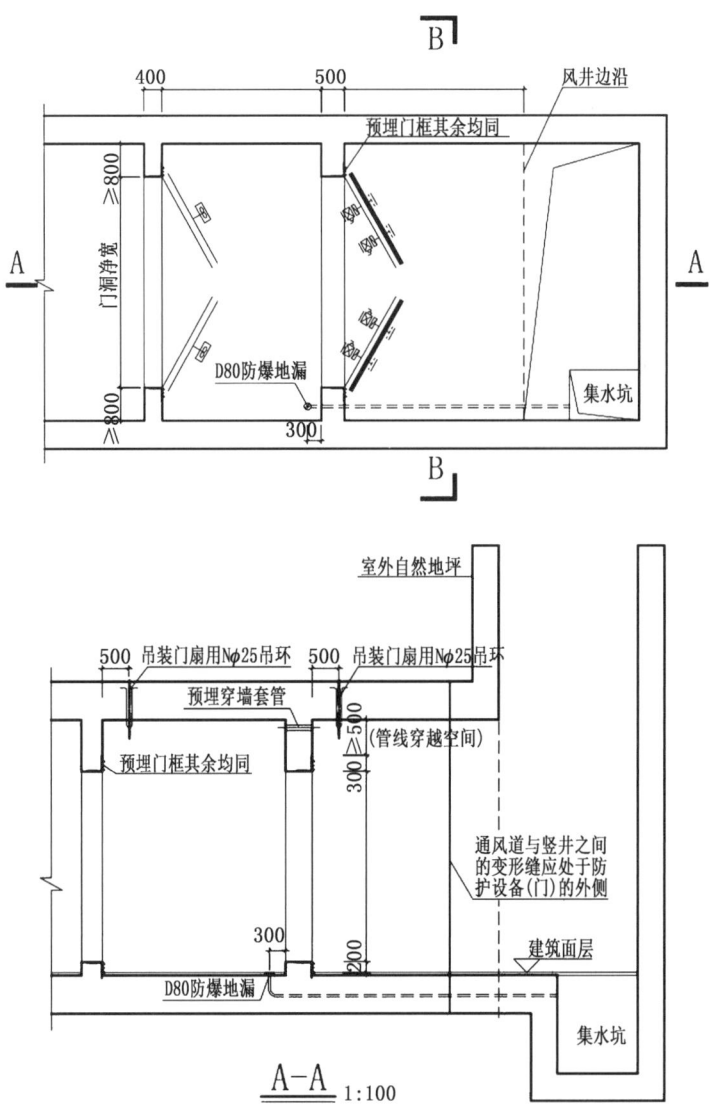

图 D-4 战时通风口平面图(mm)

### 3. 战时不进行通风的风道

在风道内应采用一道防护密闭门进行战时封堵。不具备实施门式封堵条件的,采用临空墙防护密闭封堵板在风道内做垂直封堵,并就近指定封堵板的存放位置。通风口门式封堵平面如图 D-5 所示。

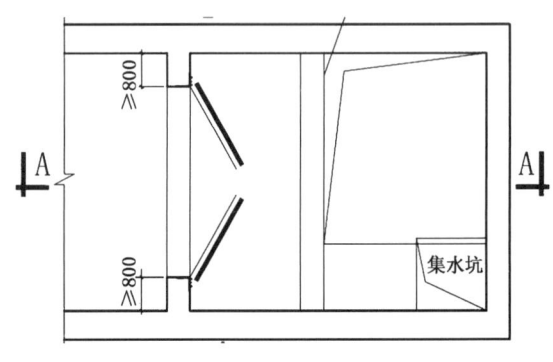

图 D-5 通风口门式封堵平面图(mm)

## D1.2.3 轨道交通线间换乘通道连通口

线路与规划轨道交通线的换乘通道,尽可能在线路的防护区段外与各规划轨道交通线相接,以保证本线的防护能力不受破坏。当在防护单元内相连通时,若两个防护单元抗力级别不一致,换乘通道的设防应按设防级别中较高者设计。

凤起路站(杭州轨道交通1、2号线换乘站)采用通道换乘,在连通道内设置一道双向受力的无门槛防护密闭门,防护单元各自独立;火车东站(杭州轨道交通4、6号线换乘站)采用站外通道换乘,出入口设置无门槛防护密闭门,防护单元间各自独立;市民中心站(杭州轨道交通4、7号线换乘站)采用站厅层换乘,作为整体防护单元。

## D1.2.4 隧道区间段

### 1. 隧道出入段(场)线口部

在隧道出入段线地下区间段单线设置出入段线防护密闭隔断门和密闭隔断门各一道。隧道正线上的防护设备宜设置在地下区间的平直段范围内往地面方向开启。单线单跨牵出线隔断门防护区段平面如图 D-6 所示。

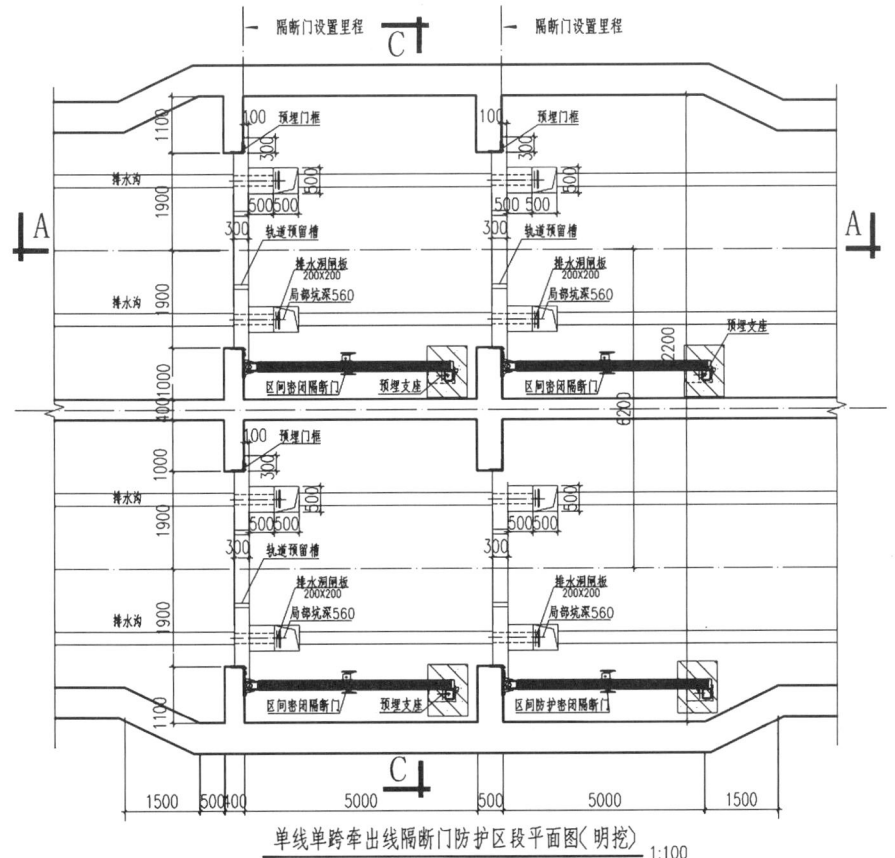

单线单跨牵出线隔断门防护区段平面图(明挖) 1:100

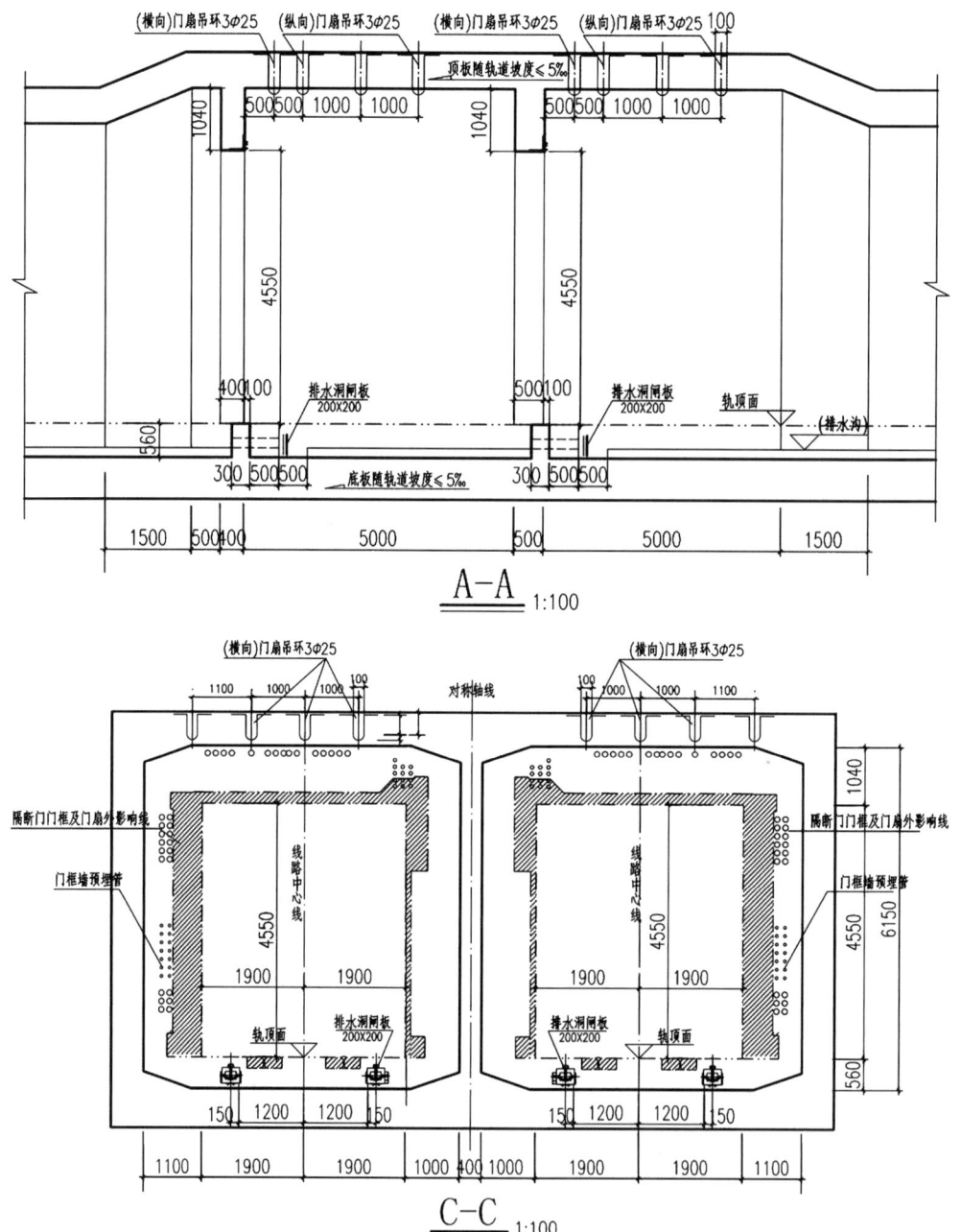

图 D-6 单线单跨牵出线隔断门防护区段平面图(mm)

### 2. 单元间区间隔断

防护单元划分以车站为基本单元,结合线路条件(是否适合设置区间隔断门)加上相邻 1 个或多个区间(如换乘站)划分防护单元,防护单元之间以区间隔断防护密闭门分隔,各防护单元内的防护设备及内部设备配套成独立系统,自成体系。区间人防门平面如图 D-7 所示。

附录 D  杭州轨道交通和北京轨道交通人防功能现状调研与分析

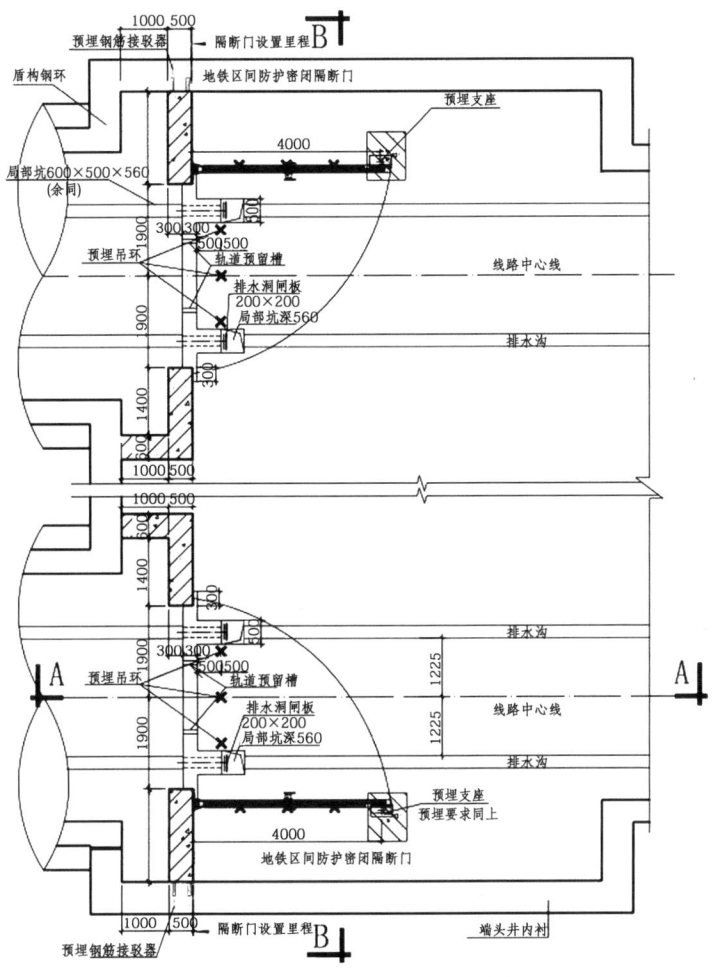

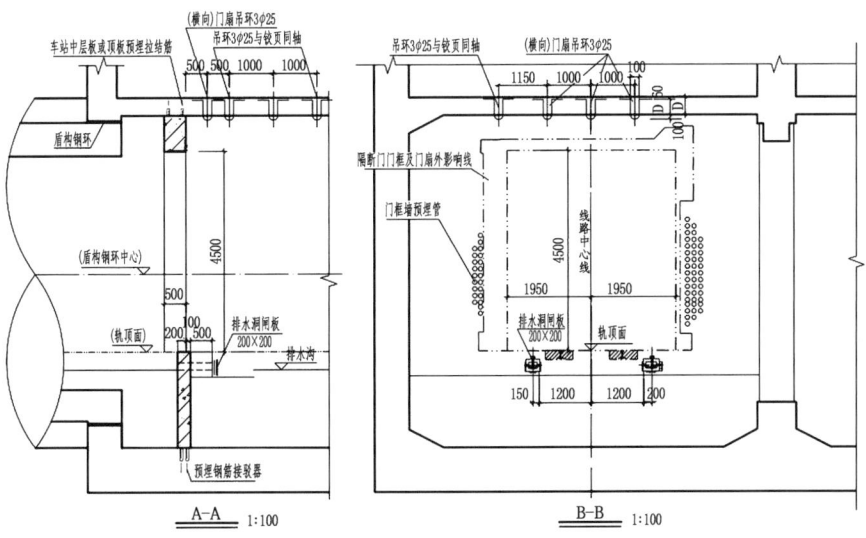

图 D-7  区间人防门平面图(mm)

## D1.3 战时风水电设计

### D1.3.1 战时通风

**1. 一般设防站**

一般设防站的防化等级为丁级,战时人防按两种通风方式设计,即清洁式通风和隔绝式防护,不设滤毒式通风。隔绝式防护时间为 3 h。清洁式通风新风风量为 5~7 m³/(p·h)。

车站防护通风系统的滤尘设备和进风机房设于车站新风道靠近新风井处,各设一道清洁式进风防护密闭门和密闭门。车站的环控新风道和新风井战时作为人防进风道和风井,不专设人防进风机房。在车站的另一端,利用平时新风道作为战时排风道,各设置一道清洁式排风机防护密闭门和密闭门,实现战时清洁式排风。战时人防进、排风利用人防风机和平时车站通风空调系统,通过平时环控通风的风管和风口进行接力送风。

**2. 重点设防站**

重点设防站的防化等级为丙级,战时人防按三种通风方式设计,即滤毒式通风、清洁式通风和隔绝式防护。隔绝式防护 $CO_2$ 体积浓度应小于等于 2.5%。滤毒式通风新风风量为 2 m³/(p·h),人员出入通道(防毒通道)换气次数为 50 次/h,工程内部密闭区防毒超压不小于 30 Pa。

车站防护通风系统的滤尘、滤毒设备和进风机房等设于车站新风道靠近新风井处。车站的环控新风道和新风井,战时改为人防进风道和风井,不专设人防进风机房。在车站的另一端,利用平时排风道设置一道清洁式排风机防护密闭门,实现战时清洁式排风。

在车站另一端对角线布置的战时人员出入口防护段内,设置战时供人员出入的防毒通道(简易洗消间),战时排风通过防毒通道超压排出。排风用防爆波超压排气活门设于防护密闭门门框墙上,密闭阀门设于密闭门门扇上。

### D1.3.2 战时给排水

**1. 战时给排水设计**

(1) 战时人员出入口通道按照 5 L/(m²·次)储存一次冲洗用水。

(2) 人员饮用水标准为 3 L/(人·d),人员饮用水的贮水时间为 3 d,战时饮用水采用桶装水储存。

(3) 各设防站在平战转换期限内均应根据战时人员出入口数量设置相应数量的快速装配式水箱,水箱容积按照人防口部洗消面积确定,水箱设置靠近战时人员出口,水源从车站给水管或者消防管的人防预留口接出。

(4) 工程战时人员出入口设置口部洗消设施、防爆地漏和集水井。战时进排风道及地面洗消废水通过防爆地漏排至集水井,战后采用排水泵将洗消废水排至市政污水管网。

## 2. 防护密闭处理措施

所有给排水管路穿越防护区与非防护区界面、防护单元隔墙时，均从预埋穿墙套管中通过，并应采取防护密闭处理措施（预埋时、穿越后）。套管按《防水套管》(02S404)选取，并采用刚性套管。

### D1.3.3 战时电气

#### 1. 战时负荷分级

车站战时功能为紧急人员掩蔽部和物资储备场所，战时应急照明和通信报警设备为一级负荷，战时正常照明、战时进（排）风机等为二级负荷，其他战时负荷为三级负荷。

#### 2. 战时电源供电方式

人防工程电源由平时电源（由车站变电所引来两路 380 V 低压线路）和战时应急电源（主要由战时区域电站及 EPS 组成）两部分组成。人防工程电源设置集中配电柜，以放射形式向各负荷供电。平时，三级负荷由一路车站电源供电；二级负荷由两路车站电源供电，末端切换；一级负荷由两路车站电源和战时应急电源供电，平时电源和战时应急电源平战时应能在末端互相转换。当车站电源中断时，切除所有战时二级、三级负荷，由车站蓄电池室 EPS 及区域电站保证对战时应急照明等一级负荷的供电，蓄电池连续供电应不小于 3 h。蓄电池组及配套设备为平战两用。

#### 3. 战时应急电源

区域电站及战时蓄电池组主要用来保证对战时一级负荷的供电，战时人员掩蔽部的通信报警设备按 1.0 kW 考虑；战时应急照明主要考虑人员掩蔽区和人员出入通道的照明，采用节能灯作为应急照明，应急照明按 1.0 W/m² 考虑，可满足应急照明最低照度要求，每个车站战时人员掩蔽区的面积按站台、站厅各 1 000 m² 考虑，所需应急照明功率按 2.0 kW 考虑；人员出入通道所需应急照明功率按 0.3 kW 考虑；区间和非人员掩蔽区部分应急照明所需功率按连续 3 h 供电进行折算，最大可控制在 1.0 kW，每个车站战时最大一级负荷不超过 4.4 kW。战时使用车站蓄电池组供电总容量为 2×100 Ah，可保证连续 3 h 对 4.4 kW 的负荷供电，满足战时一级负荷的供电要求。

## D1.4 杭州轨道交通人防建设现场调研

### D1.4.1 区间隧道人防防护段

#### 1. 线路区间人防防护段：立转式防护密闭隔断门

1) 功能

轨道交通区间防护密闭隔断门安装于车站大（或小）里程端隧道正线上的区间隔断防护段，每处安装一道，起分隔防护单元的作用，保证战时一个防护单元的防护功能丧失时不影响相邻防护单元防护功能的发挥。

平时,轨道交通区间防护密闭隔断门一般靠盾构端头井侧壁放置,不影响列车运营。门槛顶面与轨顶标高齐平,道床排水沟防护密闭闸板和活门槛战时安装,平时妥善放置于门后。轨道交通区间防护密闭隔断门的抗力级别为6级(连通口双向受力)。轨道交通区间防护密闭隔断门由门扇、门框、活门槛、道床排水沟防护密闭闸板、闭锁、铰页等部分组成。门扇与门框周边搭接,承受正向压力,冲击波负压通过连接螺栓来传递。为保证列车的运行安全,人防门安全定位装置包括电信号、机械锁和安全销三套安全保证措施。

2) 主要选用型号

门孔尺寸[宽(mm)×高(mm),不小于设备限界]:3 800×4 500;4 200×4 500。区间门位置示意如图 D-8 所示。

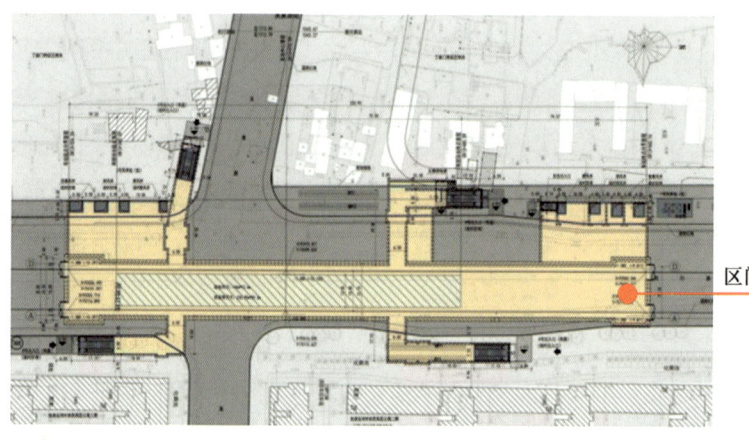

图 D-8　区间门位置示意(以吴家路站为例)

3) 主要特点

(1) 采用手动立转的形式,土建投资少,平战转换方便。

(2) 门扇、门框采用分体结构形式,既保证了抗力级别,又能满足运输和安装要求,加工、安装精度有可靠的保证措施。

(3) 铰页运转灵活,开关门轻便。闭锁锁头动作同步、受力均匀、启闭灵活。铰页和闭锁都易于维护。

(4) 闭锁机构和轨道密封机构联动,操作简便快捷,一人即可完成开、关门全部动作,快速实现平战转换。

(5) 门扇与门框、道床平面、钢轨侧槽之间的密封措施可靠。

(6) 安全措施可靠,电信号、机械锁和安全销三套安全措施同时起作用,保证了平时车辆运营的安全。

杭州轨道交通区间人防门如图 D-9、图 D-10 所示。

附录 D 杭州轨道交通和北京轨道交通人防功能现状调研与分析

图 D-9 杭州轨道交通 1、2 号线区间人防门

注：汇流排密封装置分别设置于大小门扇上，对汇流排进行密封，达到在不截断汇流排和接触网的情况下，快速关门隔断的作用。

图 D-10 杭州轨道交通二、三期区间人防门

注：前期使用过程中发现接触网通过时存在安全隐患，战时采用汇流排过人防门框墙处断开方式。

### 4) 平战转换部位

（1）接触网穿越区间人防门处断开。

（2）区间人防门框墙无关管线战时封堵，区间隧道电气管线封堵如图 D-11 所示。

（3）区间人防门处道床排水沟防护密闭闸板安装。

（4）区间人防门安全定位装置解除，人防门关闭，人防门密封梁与闭锁联动实现道床平面的密封。

图 D-11 区间隧道电气管线封堵示例

## 2. 线路出入段人防防护段：出入段(场)线防护密闭门、密闭门

### 1) 功能

防护密闭门、密闭门设于隧道出入线段正线上(图 D-12)，保证隧道口部的防护密闭。出入段(场)线防护密闭隔断门是地铁防护区与非防护区的分界(图 D-13)。该隔断门由门扇、门框、闭锁、铰页、道床排水沟防护密闭闸板、升降密封梁、安全定位装置组成，关闭时可不断接触网。门扇与门框周边搭接，承受正向压力，反向压力通过闭锁头来传递。道床平面的密封靠升降密封梁来实现，密封梁与闭锁联动。该隔断门由门扇、门框、活门槛、道床排水沟防护密闭闸板、闭锁、铰页等部分组成。门扇与门框周边搭接，承受正向压力，冲击波负压通过连接螺栓来传递。为保证列车的正常、安全运行，人防门安全定位装置包括电信号、机械锁和安全销三套安全保证措施。

图 D-12  杭临线上泉车辆段

图 D-13  出入段线人防防护段

### 2) 主要选用型号

门孔尺寸[宽(mm)×高(mm)，不小于设备限界]：3 800×4 500；4 200×4 500。

### 3) 主要特点

(1) 采用手动立转的形式，土建投资少，平战转换方便。

(2) 门扇、门框采用分体结构形式，既保证了抗力级别，又能满足运输和安装要求，加工、安装精度有可靠的保证措施。

(3) 铰页运转灵活，开关门轻便。闭锁锁头动作同步、受力均匀、启闭灵活。铰页和闭锁均易于维护。

(4) 闭锁机构和轨道密封机构联动，操作简便快捷，一个人即可轻松地完成开、关门的全部动作，快速实现平战转换。

(5) 门扇与门框、道床平面、钢轨侧槽之间的密封措施可靠。

(6) 安全措施可靠，电信号、机械锁和安全销三套安全措施同时起作用，保证了平时车辆运营的安全。

### 4) 平战转换部位

(1) 接触网穿越区间人防门处断开。

(2) 区间人防门框墙无关管线战时封堵。

(3) 区间人防门处道床排水沟防护密闭闸板安装。

(4) 区间人防门安全定位装置解除,人防门关闭,人防门密封梁与闭锁联动实现道床平面的密封。出入段人防门启闭分别如图 D-14、D-15 所示。

图 D-14  出入段线人防门(开启状态)　　　图 D-15  出入段线人防门(关闭状态)

## D1.4.2  车站及附属人防防护段

### D1.4.2.1  车站附属出入口防护段

**1. 车站出入口钢结构无门槛式防护密闭门、密闭门**

出入口钢结构无门槛门安装于车站出入口通道人防防护段。战时人员出入口防护段安装钢结构无门槛双扇防护密闭门和钢结构无门槛双扇密闭门各一道,战时门式封堵出入口安装钢结构无门槛双扇防护密闭门一道。

钢结构无门槛双扇防护密闭门、钢结构无门槛双扇密闭门下部无沟槛,地面平整,便于人员和设备无障碍通行。平时门扇开启紧靠通道两边侧墙,防护段两侧平时用可重复拆装的建筑装修掩藏。防护密闭门的抗力级别为 6 级,密闭门无抗力级别要求。

### 1) 主要选用型号

门孔尺寸[宽(mm)×高(mm),可依据设计的具体位置调整]:6 500×2 800;6 000×2 800;5 500×2 800;5 500×5 000。

### 2) 主要特点

(1) 通道地面平整无门槛,方便人员与设备通行。战时出入口位置示意如图 D-16

所示。

（2）操作简便，平战转换时间较快。

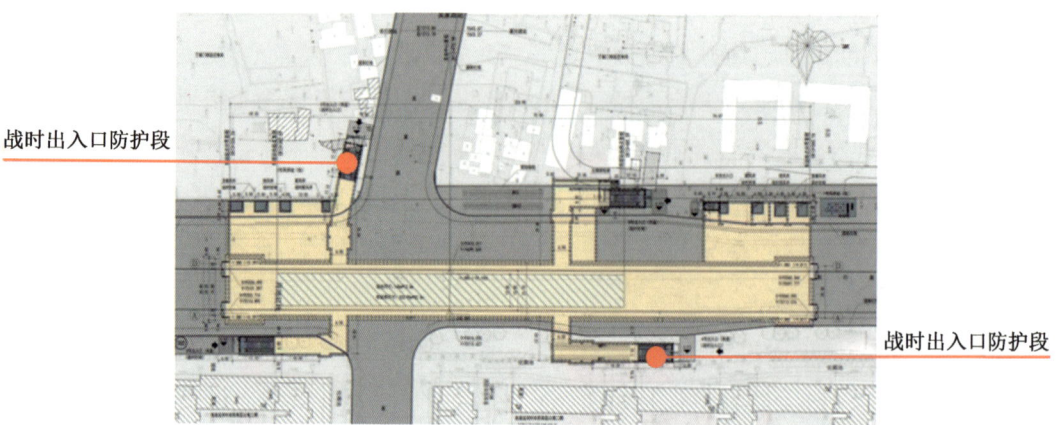

图 D-16　战时出入口位置示意（以吴家路站为例）

**3）平战转换部位**

（1）防护段两侧建筑装修拆除。

（2）人防门框墙无关管线战时封堵。

（3）战时人员出入口防护段人防门关闭；战时门式封堵出入口人防门关闭，外侧堆砌砂袋（底部宽度≥1 000 mm，顶部宽度≥500 mm）。战时出入口如图 D-17 所示，战时出入口门框墙管线防护套管、闸阀如图 D-18 所示，战时出入口门槛节点如图 D-19 所示。

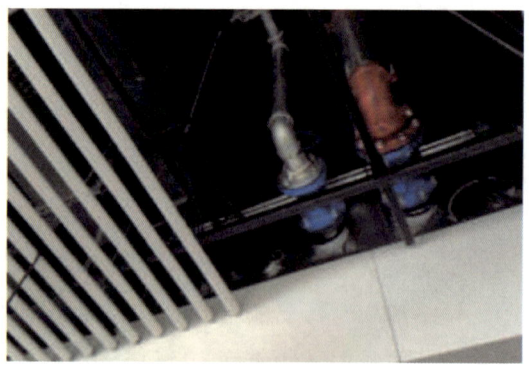

图 D-17　战时出入口示例　　　　　图 D-18　战时出入口门框墙管线防护套管、闸阀示例

**4）战时出入口防护段装修做法**

原有设计中，车站人行出入口设防段人防门装饰立面同车站内采用钢龙骨＋装饰板做法，临战时需拆除钢龙骨以实现人防门启闭，平战转换工程量较大，需多名工人采用专业工具约半天时间完成出入口装饰面清理和人防门启闭调试工作。后续轨道交通三期在

图 D-19　战时出入口门槛节点(平时覆盖钢板)

改进饰面材料和拼接方式后,3 名工人配合、15 min 左右即可实现出入口装饰面清理和人防门启闭调试工作。已运营线路战时出入口装饰门做法如图 D-20 所示,改进后装修做法如图 D-21 所示。

图 D-20　已运营线路战时出入口装饰门做法
注:装饰板、钢龙骨需临战拆除,平战转换工程量较大

图 D-21　改进后装修做法
注:采用推拉式、拼接式装饰板,平战转换较原方案更便捷

**2. 消防通道活门槛门**

消防通道钢结构活门槛门安装于车站消防通道人防防护段。具有战时人员出入口功能的消防通道防护段安装钢结构活门槛防护密闭门和钢结构活门槛密闭门各一道,战时门式封堵消防通道防护段安装钢结构活门槛防护密闭门一道。

钢结构活门槛防护密闭门、钢结构活门槛密闭门的特点是门槛与门扇分体装配,下部无沟槛,地面平整,便于人员和设备无障碍通行。门扇结构为平板钢结构。不设门室,人工启闭,门扇启闭力小于 150 N,闭锁手轮锁闭力小于 250 N。平时门扇开启,紧靠通道侧墙,防护段两侧面平时用可重复拆装的建筑装修掩藏。防护密闭门的抗力级别为 6 级,密闭门无抗力级别要求。

1) **主要选用型号**

门孔尺寸[宽(mm)×高(mm),可依据设计的具体位置调整]:1 200×2 000;1 200×2 500;1 500×2 000;1 500×2 500。

2) **主要特点**

(1) 通道地面平整无门槛,方便人员与设备通行。

(2) 操作简便,平战转换时间较短。

3) **平战转换部位**

(1) 人防门框墙无关管线战时封堵。

(2) 战时人员出入口防护段人防门关闭;战时门式封堵出入口人防门关闭,外侧堆砌砂袋(底部宽度≥1 000 mm,顶部宽度≥500 mm),消防出入口位置示意如图 D-22 所示。

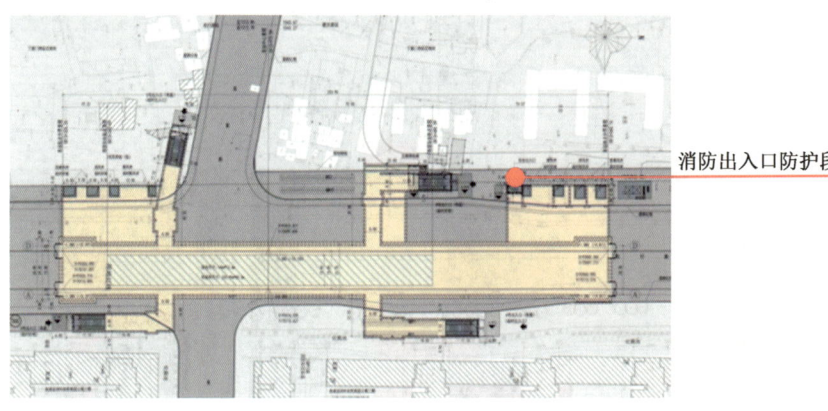

图 D-22　消防出入口位置示意

### D1.4.2.2　车站通风口防护段

**1. 战时通风道防护设备**

风道清洁式通风防护密闭门集消波、防护、密闭三种功能于一体,其主要功能是在防护密闭门上安装与防护密闭门设计荷载相同、风量一定的胶管防爆波活门,以及安装满足通风要求的密闭阀门。其兼具通风和防护、密闭的功能,设于工程的进(排)风口。

该门由门扇、门框、闭锁、铰页、油网滤尘器、密闭阀门及胶管等七部分组成。门扇与门框周边搭接,承受正向压力,冲击波负压通过闭锁头来传递。胶管设于门扇正面,在冲击波作用下自行关闭,阻止冲击波超压到达门后,达到消波的目的。油网滤尘器置于胶管背后,平时进风时能过滤较大颗粒的灰尘。密闭阀门设于门扇背后,可以根据需要开关,满足工程通风的要求。

1) **主要选用型号**

门孔尺寸[宽(mm)×高(mm),可依据设计的具体位置调整]:3 500×4 000;3 500×3 500;3 000×3 500。

2) **主要特点**

(1) 将防护消波功能和通风转换功能集中在一道门上,既满足了轨道交通人防工程平时大风量通风的要求,又较好地兼顾了战时清洁式通风的要求。战时通风道位置示意如图 D-23 所示。

(2) 消波率高,通风量大,通风阻力小,密闭措施可靠,平战转换快捷,便于维护保养。

(3) 通风转换装置使用方便,较好地实现了战时清洁式通风与隔绝式防护的功能转换。

(4) 可缩短防护段土建长度,降低工程造价,较好地实现了地下轨道交通工程兼顾人防的要求。

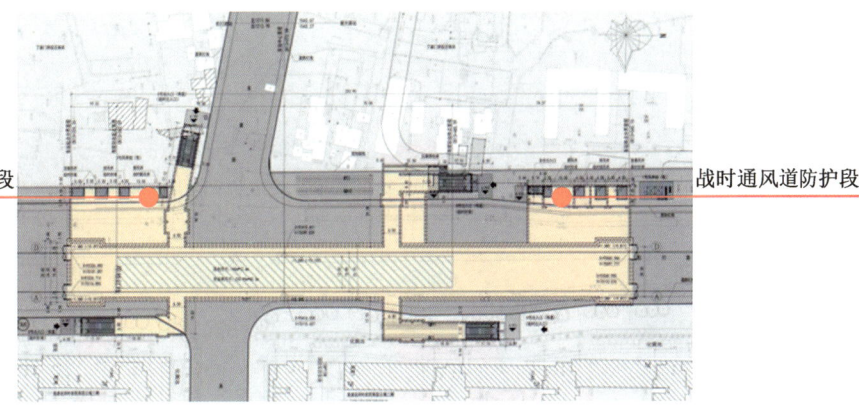

图 D-23 战时通风道位置示意

3) **平战转换部位**

人防门框墙无关管线战时封堵。

**2. 隔绝式通风道防护设备**

1) **防护密闭门**

(1) 功能

战时门式封堵风道口安装钢结构固定门槛单(双)扇防护密闭门一道。钢结构固定门槛单(双)扇防护密闭门下部设置 200 mm 高门槛,兼顾风井内外防水要求。平时门扇开启,靠两边侧墙。防护密闭门的抗力级别为 6 级。

采用防护密闭门可对战时不用的风道口部实施防护密闭封堵,设置于风道口部靠近通风竖井的水平段内。

(2) 主要选用型号

门孔尺寸[宽(mm)×高(mm),可依据设计的具体位置调整]：6 000×4 000；6 000×3 500；5 000×4 000；5 000×3 500；4 000×4 000；4 000×3 500；3 000×4 000；3 000×3 500。

(3) 主要特点

① 支承、密封面完整,防护、密闭性能可靠。

② 平战转换较快。

③ 结构简单,平时使用方便。

(4) 平战转换部位

① 人防门框墙无关管线战时封堵。

② 战时人员出入口防护段人防门关闭；战时门式封堵出入口人防门关闭,外侧堆砌砂袋(底部宽度≥1 000 mm,顶部宽度≥500 mm)。通风道门式封堵位置示意如图 D-24 所示。

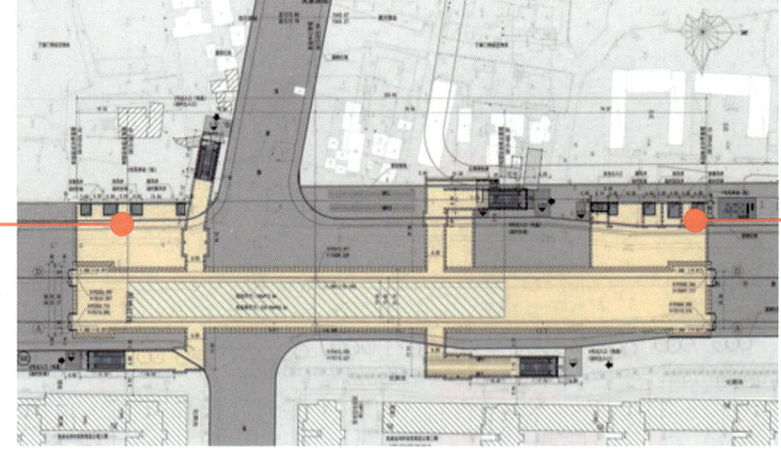

图 D-24　通风道门式封堵位置示意

2) **风道口临空墙防护密闭封堵板**

风道临空墙防护密闭封堵板安装于车站各战时板式封堵的风道防护段。战时封堵风道防护段安装临空墙防护密闭封堵板一道。

平时临空墙防护密闭封堵板紧靠通风道两边侧墙放置。突出通风道地坪的地面沟槽平时用钢盖板盖好。临空墙防护密闭封堵板的抗力级别为 6 级。

风道临空墙防护密闭封堵板由封堵板、门框及连接螺栓三部分组成。封堵板与门框周边搭接,承受正向压力,冲击波负压通过连接螺栓来传递。封堵板平时不安装,战时快速将门扇用螺栓固定于门框上,实现防护密闭功能。

(1) 主要选用型号

门孔尺寸[宽(mm)×高(mm),可依据设计的具体位置调整]:6 000×4 000;6 000×3 500;5 000×4 000;5 000×3 500;4 000×4 000;4 000×3 500;3 000×4 000;3 000×3 500。

(2) 主要特点

① 结构简单,平时使用方便。

② 门扇尺寸模数化,便于加工和安装。

(3) 平战转换部位

① 人防门框墙无关管线战时封堵。门式封堵战时安装示意如图 D-25 所示。

② 清理封堵槽,吊装封堵板。

图 D-25　门式封堵战时安装示意

(4) 其他要求

封堵板平时存放位置:通风道内,同时避开风道投影范围。

封堵板平时存放要求:采用枕木架空及外覆防水包存储方案,即采用枕木架空封堵板,外覆防水包,包内置干燥剂,其堆放方式如图 D-26 所示。图中,每块封堵板下放置 3 根枕木,枕木长 100 cm、宽 20 cm、高 25 cm。封堵板纵向放置于枕木上,向上依次堆叠,可叠放 3~4 层,平面尺寸为 1 m×(封堵板洞高 + 0.3 m),高度不宜超过 1.5 m。封堵板存放在风井内,尽量位于顶盖下方,外覆防水包(材质为加厚防雨阻燃布),包内置干燥剂。

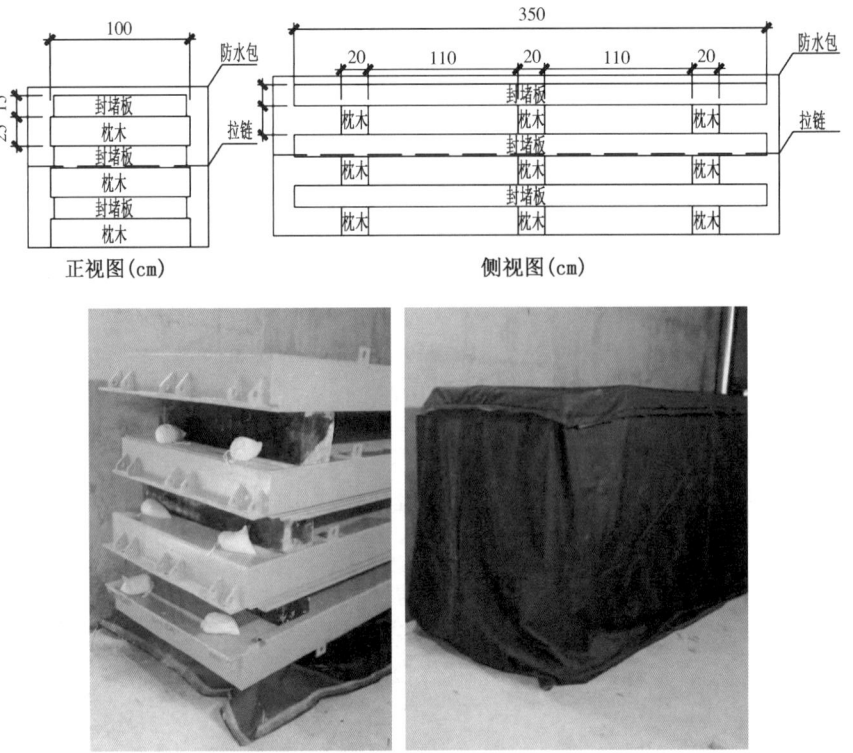

图 D-26　封堵板平时存放要求和示意

# D2　北京轨道交通兼顾设防特色

本节对北京轨道交通的人防特色作重点阐述,主要包含其设防依据、设防原则、设防标准、人防建设特色和北京轨道交通 1 号线设防情况。

## D2.1　轨道交通设防依据与设防原则

### D2.1.1　设防依据

设防除按国家、行业标准执行外,尚需考虑《城市轨道交通工程设计规范》(DB11/995—2013)、北京市人防主管部门相关批复文件等。

### D2.1.2　设防原则

(1) 平战结合原则:轨道交通建设以平时的交通运营为主,兼顾人防。人防系统不影响地铁平时的运营,出现紧急情况后进行平战转换,发挥战时防空和平时防灾的作用。

(2) 完整性原则:轨道交通地下部分的主体结构、出入口、风井口、防护单元隔断、穿墙管线,都应该满足相应等级的防护要求,以保证整个轨道交通人防系统的完整性。

(3) 同步原则:轨道交通人防系统的设计、施工建设应该与主体结构同步进行,这样才能有利于各专业相互配合,从而保证轨道交通使用功能和防护功能有机结合,减少投资。

## D2.2 轨道交通兼顾设防标准

现有地下车站、区间隧道均按甲类人防工程抗力级别 5 级设防,不区分一般设防站和重点设防站,防化等级均为丁级,战时只考虑清洁式通风和隔绝式通风。孔口防护设施全部一步到位,不采用临战封堵,战时功能同样为紧急人员掩蔽部和物资储备库。

## D2.3 轨道交通人防建设特色

### D2.3.1 人防集中信号显示系统

北京轨道交通设防部位基本与杭州轨道交通相同,包含出入口防护段、风道防护段和区间防护段(图 D-27),但增设了人防集中信号显示系统(图 D-28),可以显示孔口(出入口、风道、区间)的人防防护设备、电源配电箱等情况。

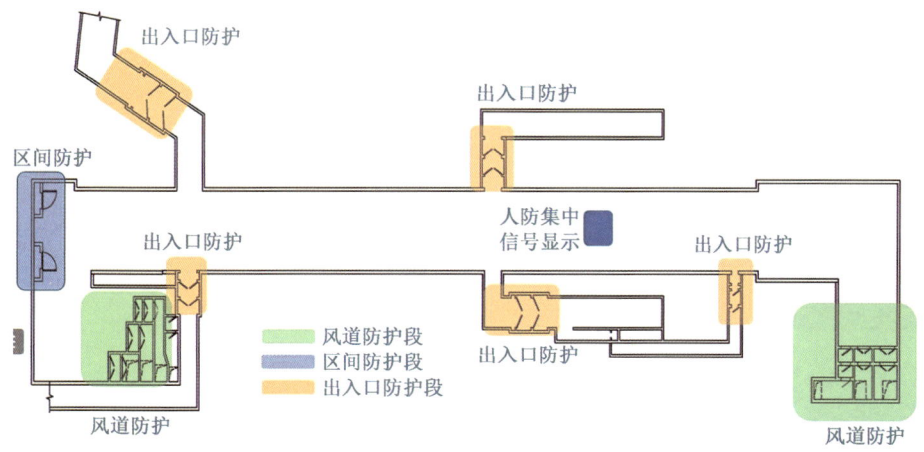

图 D-27　北京轨道交通设防部位示意

### D2.3.2 防护设备选用

北京轨道交通人防工程已在平时设计、建设中,充分贯彻了"长期准备、重点建设、平战结合"的方针,且轨道交通与其他民用工程相比,风、水、电等内部设施建设标准较高,能充分供战时使用。因此,决定平战转换和战平转换的关键因素就是孔口防护措施,即安装

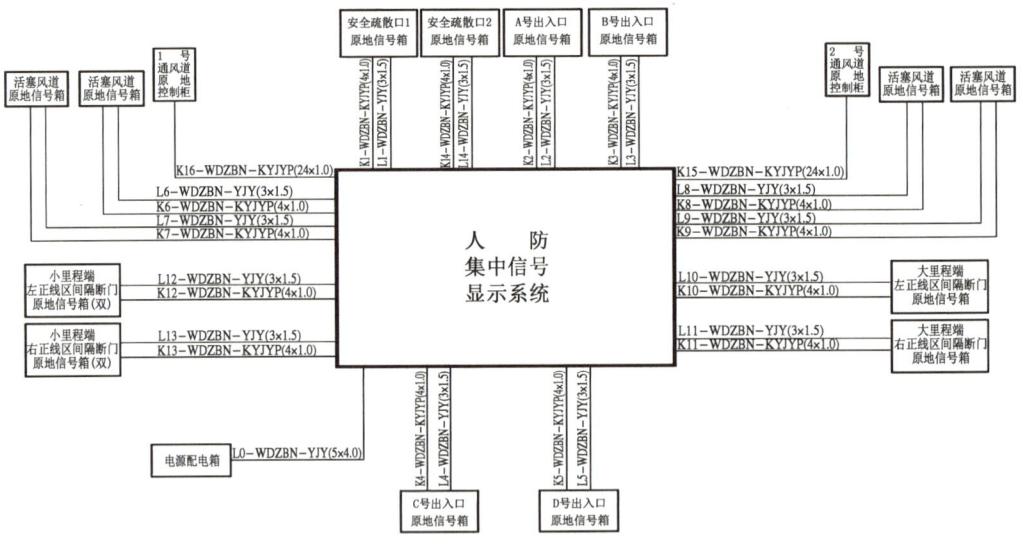

图 D-28　防护单元人防集中信号显示系统原理

于轨道交通孔口（出入口、风道、区间）的人防防护设备。而影响孔口防护措施平战转换时效的则是所采用的防护设备类型，即采用各种防护密闭门还是采用临战封堵板是决定轨道交通平战转换、战平转换是否便捷、可靠的决定性因素。因此，北京轨道交通所有的线路基本上全部采用人防门（图 D-29），极少采用临战封堵板。采用防护密闭门的出入口平战转换时间只要 3～5 min，而采用垂直封堵板封堵需要 2～3 h（图 D-30）。

(a) 出入口平时状态

(b) 人防门打开状态

(c) 人防门开关过程

(d) 人防门关闭状态

图 D-29　人防门开关状态

(a) 采用防护密闭门的出入口(平战转换 3～5 min)　(b) 采用垂直封堵板的出入口(平战转换 2～3 h)

图 D-30　出入口封堵对比

### D2.3.3　平战转换内容与方式

平战转换包括使用功能转换和防护功能转换。

使用功能转换包含以下内容。

(1) 交通转换

轨道交通战时转换为重要连接线,与车站就近的人防工程连片成网,再与远郊的人防干道相连,使城市人口安全疏散和转移。

(2) 车站转换

车站战时转换为紧急人员掩蔽部或物资储备场所,通风系统战时转换为人防清洁式进、排风系统,人防信号控制和显示交由专人管理,战时用水、照明由人防统筹安排。

防护功能转换包括以下内容。

(1) 早期转换:接到政府下达的转换动员命令时,轨道交通系统仍维持城市公共交通功能,协助城市交通体系疏散战时城市人口。但此时,所有平战转换的准备、备料、采购、转换材料的运输到场及必要的加工等应全面展开,并以不影响轨道交通运输功能为前提。

(2) 临战转换:①战时风机、风管的检修、检查;②所有防护设备的检修、调试;③检查各种穿越防护密闭墙、密闭墙的管线,(电力电缆、通信电缆、给排水管线等)均须完成防护密闭处理;④设置干厕等生活设施。

(3) 紧急转换:①确保区间隔断门,出入口的防护密闭门、密闭门以及通风道的防护密闭门、密闭门在接到上级命令时迅速、准确地关闭;②车站设备平时房间转换为战时用房,供人防统一调配使用。

## D2.4　北京轨道交通 1 号线设防情况

我国第一条轨道交通是北京轨道交通 1 号线(图 D-31)。毛泽东第一个倡导北京要搞地下铁道,不仅北京要搞,很多大城市也要搞。1953年,根据指示,中共北京市委向中央上报《改建与扩建北京市规划草案》。1956年,苏联地下铁道专家组来京,在京半年期间,拟定了北京地下铁道远景规划方案,对北京轨道交通一期工程的线路选择、埋设深度、隧道结构等课题进行了研究,为中国轨道交通建设提供了技术支持。在当时的国际形势下,北京轨道交通一期工程是为了满足军事斗争的需要,因此遵循的指导思想是"战备为主、兼顾交通",按照民用最高级别三级防护修建,并且防常规武器直接命中。直到今天,其可堪称中国最安全的轨道交通。

图 D-31　北京地下铁道开工典礼

北京第一条轨道交通建设原本定于1961年7月1日开工,但因受三年困难时期的影响,被迫暂缓开工。直到1964年,全国战胜暂时经济困难,国民经济情况得到好转,在党中央的支持下,建设再次启动。1965年2月4日,毛泽东亲自审阅了北京轨道交通建设方案,同年7月1日,中国第一条轨道交通正式开工。

早期的北京轨道交通1号线与现在的1号线不同,线路走向为苹果园站—北京站,采用浅埋全明挖的结构形式建设。北京市在1989—1999年修建了北京轨道交通复八线。2000年,"复八线"与原1号线合并为现在的北京轨道交通1号线。修建复八线时我国的战略方针已发生转变,轨道交通建设指导思想已从"战备为主,兼顾交通"转变到"轨道交通为主,兼顾人防",因此复八线之后的北京轨道交通线路均采用核5、常5兼顾设防。

一期工程属于战备工程,北京轨道交通在通车后很长时间内不对公众开放,须凭介绍信参观及乘坐。1981年,经过专家鉴定,北京轨道交通一期工程经国家批准正式验收。同年9月15日,北京轨道交通正式对外运营,标志着北京城市公共交通由电车、汽车的单一客运方式走向多元化综合客运体系。

## D3　轨道交通人防功能现状分析与建议

通过对杭州轨道交通与北京轨道交通人防工程设施现状的调研,发现我国现有轨道交通人防工程尚存不足之处。

## D3.1　开敞式车站设防原则未统一

以杭州市已运营轨道交通线路为例,部分线路和车站结合景观,沿轨道交通车站及区间两侧设置多处下沉广场,将站厅层与地块下沉广场相结合,并利用道路中央绿化带设置采光天窗,实现通透式地下空间的效果(如杭州轨道交通9号线御道站、五堡站、六堡站等)。这类车站考虑到全地下设防区域防护段开口较大、防护设备较多,采用站厅层设备区设防、公共区不设防的人防方案(即轨道交通车站内楼扶梯采用水平封堵),增加了平战转换的实施难度和工程量(图D-32)。

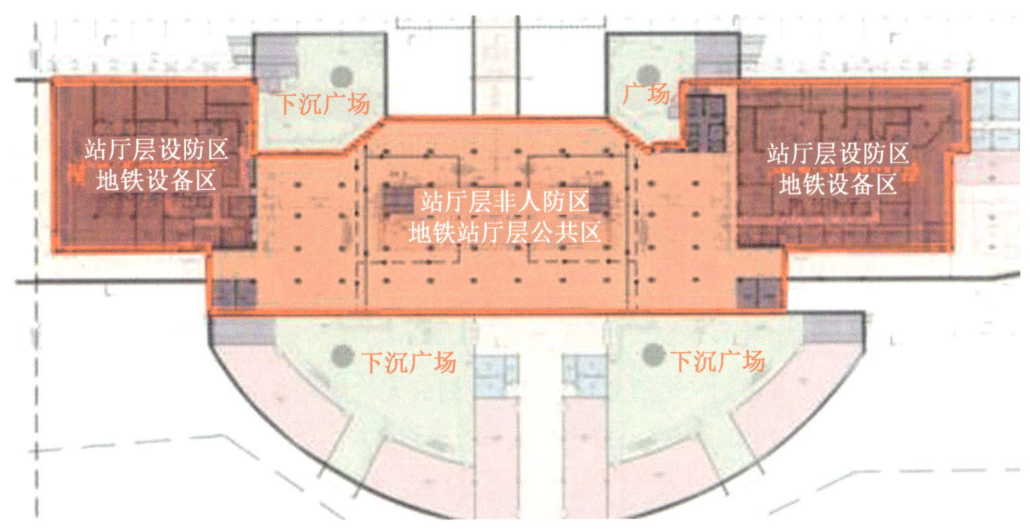

图 D-32　站厅层结合下沉广场车站
注:设备区(深红色)设防、公共区(浅红色)不设防方案。

针对轨道交通车站需要设置地下开敞空间这个问题,杭州轨道交通1号线萧山国际机场站在站厅与物业开发区的大跨度连通段(约90 m)采用了滑轨式封堵钢结构防护密闭门设备(图D-33),实现轨道交通和周围地下空间无缝对接。相关设备在不影响车站空间景观和视觉效果的条件下,能够满足轨道交通车站大空间、大跨度临空墙战时快速封堵的需求。

随着城市发展对地下空间品质要求的提高,轨道交通车站与周边地下商业空间存在大量连通情况,大敞开结构与兼顾设防需要封闭结构二者形成了矛盾,针对这类情况,建议选用特殊人防设备以满足地铁全地下线设防、抗力级别统一、防护措施相匹配的要求。

图 D-33 滑轨式封堵钢结构防护密闭门设备

## D3.2 重点设防站设置原则与实施可行性存在冲突

杭州现有轨道交通线路地下车站、区间线路均按甲类人防设计工程设计,抗力级别为6级设防,并根据轨道交通车站客流、地理位置重要性等因素将地下车站中的20%作为重点设防站(防化等级丙级,战时通风考虑滤毒式通风、清洁式通风及隔绝式防护三种通风方式)。

重点设防站还须兼顾规划区人口、人流和既有人防设施的情况,按照"配套、分散、合理"的原则进行设置,并做到三个适应:与城市规划的人口规模密度相适应,与城市规划的重要目标相适应,与城市人民防空确定的战略位置相适应。结合上述原则,存在重点设防站为多线换乘站的情况。当换乘车站采用节点换乘、同台换乘时,两线共用站厅、共用设备管理用房、共用主要人员出入口,不易实现分线划分防护单元,需将各线车站与每条线各一个区间合并为一个防护单元。如杭州轨道交通1号线重点设防站萧山国际机场站为三线平行换乘车站,车站设防面积约为5.7万 $m^2$,采用滤毒式通风时室内保持超压的漏风量接近1.37万 $m^3/h$,防护要求实施难度较大。但考虑到区位重要性,仍将该车站列为重点设防站。

建议后续重点设防站设置兼顾车站设防实施可行性,对于线路重点区域,统筹安排人防工程。

## D3.3 设防车站平战转换工程量待细化

根据《浙江省防空地下室防护功能平战转换管理规定》(试行)的要求,人防对外封堵优先选用门式封堵,如受条件限制采用防护密闭封堵板实施临战封堵的,封堵板应当与门框同步加工完成,并在防护专项竣工验收前进行试安装、编号,经检验合格后,就近存放在防空地下室内。现场实施时,部分封堵板就近存放于风亭处,存在养护不到位、淋雨生锈等情况;部分封堵板因空间限制,统一存放于车辆段备品间,增加了临战转换的工程量。

在原有设计中,车站人行出入口设防段人防门装饰立面同车站内采用钢龙骨+装饰板做法,临战时需拆除钢龙骨以实现人防门启闭;平战转换工程量较大,需多名工人采用专业工具耗费约半天时间才可完成出入口装饰面清理和人防门启闭调试工作;后续轨道交通三期改进饰面材料和拼接方式后,需要3名工人配合、15 min左右即可完成出入口装饰面清理和人防门启闭调试工作。

同时,车站人行出入口设防段处穿墙管线位于装饰吊顶上方,平战转换时容易遗漏,须在平战转换实施方案中明确各出入口转换部位及数量,并就近增加转换标识。

## D3.4 轨道交通一体化设计对防护方案产生的影响

轨道交通一体化设计是指把地铁车站周围的地上及地下商业、住宅、公共建筑、道路、公交车站或交通枢纽与轨道交通统一进行规划和设计。一体化设计可以节约大量的资源,在北京、上海、杭州及武汉等城市,轨道交通一体化设计从开始的探索阶段已经走向了全面铺开和实施阶段。对于人防专业,一体化设计的做法是一个重大挑战,带来了许多新的问题。一体化设计的杭州轨道交通9号线连堡丰城断面如图D-34所示。

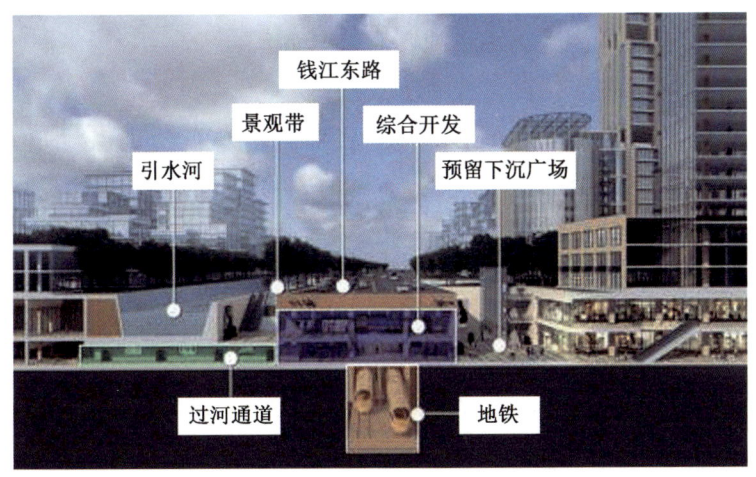

图D-34 杭州轨道交通9号线连堡丰城断面示意

(1)对轨道交通防护方案的影响。红普南路站地下空间综合开发剖透视图如图D-35所示。下沉广场的存在及诸多位置连通的孔口会对轨道交通的设防方案造成重大的影响。一体化设计的车站会有很多地下连通口作为轨道交通的出入口,在极端情况下,所有出入口均不能直达地面,从而造成战时安全出入口的缺失。

图 D-35　红普南路站地下空间综合开发剖透视图

(2) 对防护设备选型的影响。根据人防相关规范,人防门洞及封堵口宽度不宜大于 7 m。一体化设计的轨道交通车站往往会对通行能力及视觉通透度要求更高。按照现行规范及习惯做法,常规出入口人防设备难以满足要求。此外,一些车站可能会有开天窗或设置下沉式广场的要求,需要应用特殊的防护设备或孔口防护方案。该工程采用的是中国建筑标准设计研究院的非标产品,主要包括水平封堵、大开间垂直封堵板、滑轨式封堵板等设备。

(3) 对人防结构的影响。一体化设计的车站,其人防设备的安装位置多种多样,门框墙的设置和形式也相对复杂,不再是单纯支撑在侧墙上的结构。由于门框墙的延性比和等效静载等有特殊的要求,给人防结构的设计带来了一定的困难。

一体化设计是轨道交通今后的发展趋势,应根据具体情况,进行人防方案的灵活布置,适时研发和应用新型的人防设备,对人防结构的结构设计和计算方法进行创新。此外,在一体化设计过程中,还存在一些值得研究和探讨的问题,如轨道交通与地下空间接口处的消防、防盗及人防设施的布置优化问题,人防平战转换工作量的控制问题,封堵构件的平时存放及战时运输和安装问题,轨道交通与周围地下空间开发的人防功能相互支持及连通问题等。

## D3.5　现有线路设防原则存在局限性

(1) 现有轨道交通设防均按照一站一区间的原则进行,区间隔断门的存在使整个轨道交通线路被人为切割为独立的防护单元,战时功能只起到了人员临时掩蔽的作用,无法作为疏散通道或运输干道使用。如果可以突破一站一区间这个原则,将整条线路分为几个大的防护单元,将会进一步提升战时功能。

（2）在轨道交通人防规划上,考虑是否可将某条重要的换乘线全线作为一个大的交通干道,站与站之间不设置区间隔断门,全线在既不影响人员临时掩蔽的情况下,又能作为疏散干道紧密联系其他换乘线路,从而使整个城市的轨道交通战时均处于联动状态。

# 参 考 文 献

[1] 沈德耀,陆良. 上海轨道交通车站域地下空间开发的分析[J]. 地下空间,2004(1):114-118.

[2] 胡琪. 上海人口分布与城市化新态势[J]. 地理教学,2011(23):4-7.

[3] 林瑜. 地下综合体与城市的一体化整合[J]. 福建建筑,2013(7):79-82.

[4] 杜元波. 地铁仓库设置及功能定位讨论[J]. 物流工程与管理,2014,36(10):44-45.

[5] 奉祁林,蔡浩,陈志龙,等. 空袭导致炼油厂硫化氢泄漏的次生灾害后果评估及防灾对策[J]. 防护工程,2015,37(2):18-26.

[6] 黄国东. 人防工程平战结合设计策略探析[J]. 企业技术开发,2016,35(12):155-156.

[7] 孔俐颖. 蹉跎岁月:鲜为人知的莫斯科地铁背后的历史(上)[J]. 俄语学习,2016(4):11-17.

[8] 孔俐颖. 蹉跎岁月:鲜为人知的莫斯科地铁背后的历史(下)[J]. 俄语学习,2016(5):15-20.

[9] 张乐. 人防疏散是怎么回事[J]. 生命与灾害,2017(9):24-29.

[10] 冯星,周锋. 地铁兼顾城市人防防护体系的设防设计[J]. 上海建设科技,2018(3):36-40.

[11] 曾程亮. 广州地铁新线兼顾人防要求设计及优化[J]. 建筑技术开发,2018,45(14):32-34.

[12] 刘乐乐. 基于重要车站失效的城市轨道交通网络结构与功能抗毁性分析[D]. 北京:北京交通大学,2019.

[13] 陈弢,潘海啸. 上海轨道交通与人口和就业岗位布局的耦合分析[J]. 城市规划学刊,2020(5):32-38.

[14] 郭彦朋,秦有权,郑颖,等. 应对信息化战争的重要经济目标防护[J]. 科技导报,2020,38(20):106-112.

[15] 胡慧茹. 北京地铁人防工程建设管理特点分析[J]. 房地产世界,2021(4):107-109.

[16] 林静,李敬. 基于GIS技术的人防工程维护管理和战时疏散系统方案研究[J]. 工程与建设,2021,35(6):1179-1181.

[17] 冯书军,李良勇,李巍,等. 上海疫情防控城市管理和社会动员对做好战时人民防空

的启示[J].生命与灾害,2022(7):4-7.

[18] 朱星平.混合战争背景下城市地下设施设防探讨[J].国防科技,2022,43(6):135-140.

[19] 中国城市轨道交通协会.城市轨道交通2022年度统计和分析报告[J].城市轨道交通,2023(4):13-15.

[20] 张安锋,黄骁,朱春节.高质量发展背景下上海市轨道交通网络规划与实践[J].交通与运输,2023,39(3):30-35.